KB266765

은행나무

은행나무

김현우 지음

문화 역사
그리고
사람의
만남

이담
Books

가을이 되면 은행나무는 노랗게 자신을 물들이며 세상을 향해 손을 흔든다. 그리고는 마치 온 세상을 감싸 안으려는 듯이 양팔을 벌린다. 따뜻한 가을 햇살과 그 햇살에 반짝이는 노란 은행잎. 사람들이 은행나무 앞으로 갈 수밖에 없는 이유는 아마도 맑은 공기와 좋은 경치 속에서 자란 넉넉함과 느긋함이 느껴지는 노란 은행잎 단풍 때문일 것이다.

은행나무 단풍은 화려하지 않은 노란색이다. 이파리 하나하나가 금빛은 아니지만 은행나무 전체의 잎이 하나가 될 때 금빛을 발하게 된다. 본래 노란색은 밝고 빛나는 색으로 가볍고 명랑한 느낌을 주는 색이다. 어느 초등학교는 노란색을 학교의 색으로 시성하고 있고, 어떤 기관에서는 초등학생들이 타는 운행버스의 외관을 노란색으로 칠하고 있기도 하다. 어린 아이들이 밝고 희망차게, 명랑하게 자라기를 바라는 마음에서 그렇게 하고 있는 것 같다. 이처럼 은행나무는 우리의 정서함양에도 크게 기여하는 고마운 나무이다.

경기도 양평 용문사에는 우리나라에서 가장 높이 성장한 은행나무가 있고, 강원도 삼척에는 1,500년으로 추정되는 우리나라에서 가장 오래된 은행나무가 있다. 그 밖에도 전국 각지에는 수많은 은행나무들이 천연기념물, 시도기념물, 또는 보호수로 지정되어 보호를 받고 있다. 이들 은행나무에는 우리의 역사와 민속신앙이 그대로 녹아 스며들어 있다. 은행나무는 아주 오래 전부터 우리 곁을 지켜온 벗이며, 때로는 마을과 주민의 안녕과 풍년을 기원하는 대상이기도 했다.

이 책은 필자가 전국의 은행나무를 찾아다니며 찍은 사진과 은행나무 관련 전설, 천연기념물, 시도기념물, 혹은 보호수 지정관련 사항 등을 정리한 것이다. 필자는 이 책에서 은행나무는 옛날 옛적부터 우리 주위에 가까이 있었고, 우리에게 자신이 가지고 있는 모든 것을 주어 온 고마운 나무라는 것을 말하고 싶다. 그러나 은행나무에 대한 관리가 소홀한 편이었다는 것을 말하고 싶다.

그동안 은행나무가 우리를, 우리 마을을 지켜준 수호목으로 간주되어 왔다면 이제는 건강목으로 자리매김해야 한다고 생각한다. 수호목으로만 생각한다면 나무에 상처가 나거나 썩는 부분이 생겨도 가급적 손을 대지 않으려고 할 것이기에 나무관리에 어려움이 있을 것이다. 천연기념물, 시도기념물, 보호수의 상당 부분이 썩거나 말라비틀어진 모습을 보이고 있음을 감안할 때 이제부터는 적극적인 사전 예방조치 혹은 사후조치로 나무의 부패나 훼손을 막아야 할 것이다.

우리에게 모든 것을 아낌없이 준 은행나무, 오랜 세월동안 많은 사람들에게 정신적 안정을 가져다 준 은행나무, 이제는 우리가 지켜주어야 할 차례이다. 오래된 은행나무 중에는 나무 반, 시멘트 반의 안타까운 나무들이 많다. 내 몸은 썩어도 사람들에게 정신적 안정을 주고, 은행열매를 주고, 녹음을 주는 고마운 은행나무에게 경의를 표한다.

충북 영동군 추풍령면에 있는 웅북리 은행나무 앞
에서 사진을 찍고 있는데 나무 부근에 사는 지호균
씨가 가을에 오면 더 멋있는 은행나무 단풍을 볼
수 있는데 그때 연락해 주겠으니 연락처를 달라고
해서 전화번호를 알려주었더니 11월 8일에 연락이
왔다. 다음날 바로 가지는 못하고 며칠 후에나 갈
수 있었는데 그래도 화사한 아름다운 단풍을 볼 수
있었다. 마을의 자랑거리인 은행나무의 더 아름다
운 모습을 보여주기 위해 단풍이 최고조에 달한 시
기를 기다렸다가 연락해 준 지호균 씨에게 감사의
뜻을 전한다. 또 경북 청도 하평리 은행나무 부근
에서 은행나무 전설 이야기를 해주신 김현도 씨에
게도 감사의 말씀을 전한다. 경북 영주의 소수서
원에 갔을 때 그 지역의 보호수 은행나무의 정확
한 위치를 알려준 소수서원 문화관광해설사 강현
배 씨에게도 감사드린다. 그리고 전국에서 은행나
무로 가는 길을 묻는 나에게 친절하게 길 안내를
해준 분들에게 고맙다는 말씀을 드린다.

끝으로 흔쾌히 출판을 맡아주신 한국학술정보(주)
의 채종준 사장님과 임은정 씨, 좋은 편집으로 아
름다운 책으로 꾸며 준 박미현 씨, 김도영 씨에게
감사드린다.

2009년 7월
김 현 우

1. 사찰, 사당, 향교, 서원 등 문화재의 연혁에 관해서는 주로 현지 안내판, 안내책자(리플렛) 그리고 백과사전의 내용을 참고하였다.

2. 은행나무의 수령, 높이, 둘레 등 제원에 관해서는 주로 현지 안내판을 참고하였다. 은행나무의 수령, 즉 나이는 추정치이며, 나무 높이, 둘레, 가지퍼짐 관련 수치도 대부분 그러하다.

3. 이 책에 실린 사진은 모두 필자가 2008년에 직접 촬영한 것이며, 카메라 기종은 Kodak Easy Share P880이다.

1
은행나무 개관

2
은행나무 탐방

01
은행나무 개관

은행나무는 스스로를 연출한다. 누가 요구하지 않아도 계절이 바뀌면 각기 다른 색상으로, 각기 다른 모습으로, 자신을 연출하는 창작예술가가 된다.

01 은행나무 개관

은행나무는 스스로를 연출한다. 누가 요구하지 않아도 4계절 때가 되면 각기 다른 색상으로, 각기 다른 모습으로, 자신을 연출하는 창작예술가가 된다. 그리고 세상의 조화를 이루는 조정자로 또 시공을 가로지르는 생물세계의 지도자로 세상을 리드한다. 인간은 몇십 년이면 한 세대가 바뀌지만 나무, 특히 은행나무는 천년의 세월을 사는 시간의 지도자이다. 그 시간적 지속성과 계절별 색상 및 모습의 다양성, 그리고 인간에게 주는 정서적·물질적 혜택은 실로 놀랄 만한 것이다.

은행나무는 봄이 되면 살며시 연한 새싹을 세상에 내놓으면서 부끄러운 듯 인사를 한다. 여름이 되어 연한 색이 짙은 색으로 변할 때면 나무그늘을 만들어 주어 시원함과 상쾌함을 주고, 가을이 되면 단풍을 만들어 세상을 노랗게 물들인다. 은행나무는 엄동설한의 겨울에도 결코 의연함을 잃지 않는다.

이처럼 뛰어난 연출가, 지도자가 또 있을까. 특히 가을이 되면 사람들의 심미적 욕구를 마냥 채워주는, 가볍지도 무겁지도 않은 은행나무는 가을의 나무라고 할 수 있다.

그런데 한 가지, 우리나라의 전통 예술작품(민속화, 도자기 등) 속에는 은행나무가 그다지 자리하고 있지 않다는 점이 특이하다면 특이한 점이다. 왜 그럴까. 민속화나 도자기 속에서 소나무는 많이 보았어도 은행나무를 본 기억은 거의 없다. 원시신앙 혹은 민속신앙은 주로 거대한 자연물이나 특이한 형상을 한 자연물을 대상으로 하는데 은행나무가 민속신앙의 대상이었기 때문일 것이라는 추측을 해 본다. 은행나무는 이미 우리의 의식 속에 깊숙이 들어와 자리하고 있었던 것이 틀림없다. 사찰이나 향교 등의 건물 근처에 주로 식재되어 관리되고 있었던 것을 볼 때 은행나무는 경외의 대상이 되어 온 것을 알 수 있다.

그런데 이제는 은행나무가 신성시되기보다는 우리 곁에 친근하게 다가온 친구와 같은 존재라는 느낌이 든다.

연인들이 은행나무 아래에서 사랑을 속삭이는 모습, 가족들이 은행나무길을 거니는 모습은 그 자체가 영화의 아름다운 한 장면이다.

그뿐이랴. 바람에 흩날리는 노란색 단풍은 동심을 자극하고, 많은 사람들에게 자연의 섭리, 계절의 운치 그리고 삶을 돌아보게 하는 그런 여유와 사색의 시간을 제공한다.

은행나무는 장수, 다산, 안정, 단합 그리고 건강을 상징하는 나무이다. 필자가 전국의 은행나무를 찾아다니며 느낀 점은 과거 우리 조상들은 은행나무를 마을의 수호신으로, 마을의 안녕을 지켜주는 수호목으로 대해왔다는 점이다. 그렇지만 세월이 흐르고 사람들의 일상생활이 복잡해지고 바빠지면서 은행나무 앞에서 드리던 고사도 생략되거나 그 횟수가 감소되고 있음도 알게 되었다. 여러 가지 상황을 볼 때, 이제 은행나무는 '수호목'보다는 건강, 안정, 화합, 단결을 상징하는 '건강목'으로 자리매김을 해야 될 때가 온 것으로 생각한다.

이제 전국에 산재해 있는 여러 가지 모습의 은행나무를 찾아 여행을 떠나보자.

그런데 그 전에 은행나무에도 등급이 있고 등급에 따라 예우나 관리수준이 달라진다는 것은 알아 둘 필요가 있다. 가장 높은 등급은 천연기념물이며, 그 밑에 시도기념물과 보호수가 있다. 이 책에서는 이상의 등급에 속하지 않는 은행나무 중 의미가 있다고 판단되는 일반 은행나무도 찾아 수록하였다.

▌천연기념물 은행나무

노랗게 물든 잎이 가을의 추억으로 상징되는 은행나무.
봄, 여름에는 아름다운 형형색색의 꽃과 열매를 맺어 사람들의 눈길을 끄는 여러 수목에 가려 있지만, 가을이 되면 꽃이 아닌 잎사귀로 자신과 주변세상을 노랗게 물들인다. 황금빛 노란세상을 창출하여 많은 사람들의 시선을 잡아끄는 은행나무에는 크나큰 매력이 있다. 그 매력은 이미 2억 5천여 년 전부터 시작되었으니 이 어찌 범상치 않은 나무라고 아니 할 수 있겠는가.

책 속에 끼워 넣기에 작지도 않고 크지도 않은 것이 은행나무 잎이고, 일찍이 독일의 대문호 요한 볼프강 폰 괴테(Johann Wolfgang von Goethe)가 연인에게 우정과 사랑의 징표로 보냈던 것도 은행잎이다. 괴테는 1815년 9월 15일 연인 마리안네 폰 빌레머(Marianne von Willemer)에게 사랑의 징표로 은행잎을 짧은 시와 함께 보내 자신의 마음을 알렸다.

은행나무는 가을 단풍이 아름답고 병충해가 없으며 그늘을 제공한다는 장점이 있어 정자나무 또는 가로수로도 많이 심는다. 은행나무와 관련해서는 '은행나무는 마주 서야 연다.'는 속담이 있는데, 이는 사람이 마주보고 대하여야 더 인연이 깊어지고, 남녀가 결합하여야 집안이 화목해지고 자손이 번성해짐은 물론 가문의 번영을 가져오게 됨을 말한다. 그런가 하면 전염병이 돌면 오래된 은행나무 앞에서 치유를 기원하여 퇴치하기도 하고, 자식이 없으면 치성을 드려 자식을 얻을 수 있다고 믿는 영목(靈木)이기도 하다.

천연기념물(天然記念物)로 지정된 식물은 총 153그루인데 이 중 은행나무는 2009년 2월 현재 22그루이다.[1] 천연기념물 은행나무는 오랜 세월동안 우리 조상들의 보살핌 속에 살아온 식물로서 민속 문화적 · 역사적 · 종교적, 그리고 생물학적 자료로서의 가치가 인정되어 기념물로 지정되어 보호를 받고 있다.[2] 은행나무는 마을 주민들에게 장수, 건강, 그리고 행운을 가져다주는 신성한 영목으로 인식되어 주민들의 마음속에 편안한 휴식처로 자리잡아 왔으며, 주민들을 단합케 하는 구심점 역할을 하기도 하였다. 은행나무를 통해 우리 조상들의 자연경외문화를 볼 수 있다는 점에서 이들 은행나무는 잘 보호되고 관리되어야 할 것이다.

▌시도기념물 은행나무

시도기념물(市道記念物) 중 은행나무는 모두 30건이 등재되

1) 천연기념물이란 법률로써 보호를 하도록 지정된 자연물을 말한다. '천연기념물'이라는 용어를 처음 사용하고 법으로 정한 나라는 독일이다.

2) 식물의 경우 천연기념물 선정 기준은, 한국 특유의 식물로서 이름난 것 및 서식지 및 생장지, 특수 지역이나 환경에 자라는 특유식물, 진귀한 식물로서 보존이 필요한 것, 학술상 가치가 큰 명목 · 거수 · 기형물, 대표적인 원시림, 고산식물, 진귀한 식물이 자생지, 저명한 식물분포의 경계가 되는 것, 유용식물의 원산지 등이다. 22그루의 은행나무가 천연기념물로 지정된 사유는 대부분 노거수이다.

어 있다. 숲이나 나무는 보호수, 시도기념물, 천연기념물의 단계가 있는데 천연기념물은 시도기념물로 있다가 요건을 갖추어 승격하는 경우가 많다. 개인이나 단체가 문화재청 천연기념물과에 지정을 요청할 수 있으며, 요청이 있는 경우 문화재위원들이 심사하여 천연기념물로의 승격 여부를 결정한다.

시도기념물로 지정된 은행나무들은 천연기념물 은행나무들과 마찬가지로 오랜 세월동안 우리 조상들의 곁을 지켜 온 식물로서 민속 문화적·역사적·종교적, 그리고 생물학적 자료로서의 가치가 인정된 나무들이다.

우리나라 전국 각 지역에는 아직 기념물로 지정을 받지는 못했지만 기념물 못지않은 가치를 지닌 은행나무들이 많이 있다. 지속적인 관심과 보호, 관리가 필요하다.

▍보호수 및 일반 은행나무

보호수(保護樹)란 풍치보존과 학술적 참고 및 그 번식을 위하여 보호하는 나무를 말한다. 보존 또는 증식가치가 있는 오래된 나무, 큰 나무, 희귀한 나무 등을 지정하여 관리하는 보호수 지정제도는 산림법 제67조의 규정에 의한다.

보호수 지정은 자치구청장(또는 군수)의 추천을 받아 전문가 합동조사 등을 통하여 지정할 수 있으며, 천재지변 등으로 인해 지정목적이 없어졌을 때에는 지정을 해제하고 이를 고시한다. 보호수 지정권자는 시·도지사 또는 지방산림청장이다. 보호수의 관리는 소재지 자치구별 구청장이나 지정된 관리자(소유자 등 관리를 위임받은 자)가 시행하고 있으며, 표지판 설치, 해충방제 등 보호수가 피해를 입지 않고 건강하게 자랄 수 있는 환경을 유지한다.

많은 사람들이 은행나무를 음미하고, 찬양한다. 실제로 은행나무는 가진 모든 것을 아낌없이 주는 나무이다. 그런데 은행나무는 많은 이들에게 '감상하는 기쁨'을 주지만 은행나무 스스로는 많은 경우 안으로 곪아 썩어가고 있다. 어쩌면 밝은 노란색 단풍이 나무의 그 아픈 곳, 상한 곳을 가려주고 있는지 모른다. 나무는 말을 하지 않기 때문에 우리가 먼저 그들의 아픈 곳을 찾아내고 살펴주어야 할 것이다. 다른 나무들은 잘 모르겠으나 은행나무는 일정한 나이가 되면 줄기나 가지 사이에 동공이 생기고, 가지 사이에 퇴적물이 쌓여 썩어가기도 하고 다른 나무에서 날아온 씨를 발아시켜 주기도 한다.

동거(소나무) :
수원 화성행궁 은행나무

동거(작은 나무) :
울주 구량리 은행나무

동거(느티나무) :
예산 대흥향교 은행나무(왼쪽 굵은 줄기)

100그루가 넘는 은행나무를 탐방한 결과 천연기념물이나 시도기념물 뿐만 아니라 보호수 은행나무도 썩어가고 있거나 이미 썩어서 외과수술을 받은 흔적이 여기저기 보이는 나무들이 많다.

일부 지역에서는 보존이나 증식가치가 있어서 지정, 관리되고 있는 보호수가 당국의 관리소홀로 훼손되거나 방치되고 있다. 보호수 중 일부에서 외과수술을 한 지가 너무 오래돼 수술부위의 시멘트와 나무 사이가 벌어져 벌레들이 드나들기

도 한다. 벼락을 맞아 불에 타거나, 태풍으로 인해 가지가 부러지는 경우도 있
고, 또 나뭇가지 사이로 전선이 통과하여 미관과 보호수의 건강을 해치는 것
도 볼 수 있다. 피뢰침을 세워 벼락을 피하게 해 주는 일이 필요하고, 적절한
외과수술 등의 정비작업을 제때에 해 주는 일도 필요하다.

1. 동거(작은 나무) : 순천 남가리
   은행나무
2. 동거(작은 나무) : 안동 용계리
   은행나무
3. 동거(작은 나무) : 아산 성준경
   가옥 은행나무

오래된 은행나무라도 보호수로 지정을 받지 못한 나무는 누구의 관심도 받지 못하고, 그러다보니 외과수술조차 받을 기회가 없다. 주변의 나무 중 좋아 보이는 나무는 주민들이 행정당국에 건의하여 보호수로 지정을 받게 해주는 것이 좋다.

1. 지지대 : 안동 용계리 은행나무
2. 지지대 : 울주 구량리 은행나무
3. 지지대 : 영동 영국사 은행나무
4. 지지대 : 대구 도동서원 은행나무

1. 나무 관리 쇠줄 : 청도 자계서원 은행나무
2. 나무 관리 쇠줄 : 인천 부평도호부 은행나무
3. 나무 관리 쇠줄 : 금산 요광리 은행나무
4. 나무 관리 쇠줄 : 산청 문익점 은행나무

은행나무 관련 지식

:: 은행나무 분류

은행나무는 은행나무과(科)의 1속 1종뿐인 외로운 나무이다. 세계적으로 은행나무과에는 오직 은행나무 1종만이 포함되어 있다.

은행나무는 낙엽성 교목(喬木) 즉 위로 뻗어 올라가는 나무이며, 잎의 모양으로 보면 활엽수이지만 나자식물(裸子植物, 겉씨식물)이기 때문에 침엽수로 분류된다.

:: 은행나무 기원

– 중국 천목산 기원설

중국 절강성 양자강(揚子江) 하류 천목산(天目山, 해발 500-1,000m) 일대가 현존하는 은행나무의 원산지라는 설이다. 은행나무의 원생종(原生種)은 중국 절강성을 중심으로 하여 운남성 산지 일대에도 소량 자생하고 있다고 한다.

그렇지만 다음의 두 가지 이유 때문에 천목산 은행나무가 자생하는 원생종이 아니거나 유일한 원산지가 아닐 가능성이 있다.[3] 중국 최초의 시집 '시경(詩經)'에 은행나무가 포함되어 있지 않았다는 것이고, 다른 하나는 천목산은 예로부터 경치가 좋아 사람들의 발길이 잦았던 곳이라는 점이다. 천목산에 은행나무가 있었다면 그것은 사람들이 심었을 가능성을 배제하기 어렵다.

중국의 오경(五經) 중 하나인 시경은 황하강 중류지역의 민요를 중심으로

3) 중국에서 가장 오래되었다는 천목산 은행나무는 현재 고사목(枯死木)으로 존재하고 있다.

4) 강판권, 『공자가 사랑
한 나무, 장자가 사랑
한 나무』(서울: 민음사,
2003), 152–155쪽.

5) 남송(南宋)이란 중국의
통일왕조 송(宋)나라의
후반기(1127–1279)를
이르는 말이다.

6) 최석환, '서천목의 물
에 동천목의 찻잎을 띄
워 마신 깨달음의 차'
(http:blog.daum.net/
dadomun/16544223)
(2008. 10.19).

하여 만들어진 중국 최초의 시집이다. 흔히 '시경'을 식물백과사전이라고 부르는데 그 이유는 그 시집에 식물에 관한 정보가 많이 담겨 있기 때문이라고 한다.[4] 시경에 등장하는 나무는 대략 35종인데 그 35종 가운데 은행나무는 포함되어 있지 않았다. 은행나무가 사람들 입에 그다지 오르내리지 않았다는 것으로 풀이할 수 있다.

뿐만 아니라 천목산은 예로부터 문인들이 그 아름다운 경치에 도취되어 많은 시를 남기기도 하였다. 천목산은 절강성 임안현에 위치하고 있는데 동천목(東天目)과 서천목(西天目)으로 구분되며 동천목의 찻잎과 서천목의 물이 합쳐져서 당나라 때부터 차(茶)의 산지로 이름을 날린 곳이다. 천목산이 예로부터 차의 산지로 명성을 얻게 된 까닭은 서천목의 청정차와 동천목의 경산차가 쌍벽을 이루면서 비롯된 것이라고 한다.

천목산은 12-13세기 경 다선문화(茶禪文化)가 가장 발달된 시대인 남송(南宋)[5] 때 만들어진 천목다완(天目茶碗)으로 인해 세상에 알려지기 시작하였다. 천목다완은 어두운 밤하늘에 갖가지 색깔의 별을 아로새긴 듯한 모양의 승려의 밥그릇에서 비롯되었다고 한다.[6]

중국 은행나무는 일본을 거쳐 1700년대에 유럽과 미주까지 전파되었다. 유럽에는 1710년대에 Engelbert Kaempfer에 의해 전파되었으며, 1771년 린네(Carl von Linne)에 의해 식물학적 분류가 이루어졌다.

– 동북아 기원설

은행나무는 중국에서 뿐만 아니라 만주, 한반도 일대에서 자라고 있던 나무라는 설이다. 중국 천목산 뿐만 아니라 산이 많은 한반도 이곳저곳에서도 자생하고 있었다고 보는 시각이다. 삼척시 늑구리 은행나무는 누가 심은 것이 아니라 자연적으로 성장하여 1,500년의 수령을 자랑하고 있다. 강화 볼음도에는 바닷가에 800년 된 은행나무가 홀로 자라고 있고, 그밖에도 곳곳에 1,000년이 넘은 은행나무들이 살아 자라고 있으며 대를 이어가고 있다.

그리 높지 않은 천목산에서 은행나무가 기후변화나 환경변화에 적응하여 살아남았다면 만주나 한반도 지역에 있던 은행나무들도 살아남았을 가능성은 크다.

은행나무가 우리나라에 들어 온 시기와 관련하여 불교와 함께 들어 온 것으로 추측되기도 하나, 공룡이 살던 시기부터 살았던 식물이라 불교가 들어오기 훨씬 전부터 한반도 일대에도 서식하고 있었을 것이다.

:: 은행나무 명칭

– 은행나무의 학명 즉 식물학상의 이름은 Ginkgo biloba L.이다. 종소명(種小名) 빌로바(biloba)는 '두 갈래로 갈라진 잎'을 뜻한다.

– 영어명은 통상 '은행'의 변형된 일본어 발음인 징코(ginkgo)이다. 또 maidenhair tree, silver apricot 등이 있는데 maidenhair tree는 은행나무의 잎이 공작고사리(maidenhair-fern, 학명: Adiatum)라는 고사리 잎과 매우 흡사하여 붙여진 것이다.

– 일본어명은 긴난(銀杏, Ginnan) 혹은 이초(銀杏)이다. 일본에서는 은행(銀杏)의 일본식 음독에 근거하여 Ginkyo라고 하였는데, 이것을 유럽에서 독일 인쇄공이 Ginkgo라고 잘못 표기하여 인쇄했는데 이 때문에 Ginkgo가 오늘날 세계 사람들이 공통으로 쓰는 학명으로 고정되었다.

- 한자어로는 다양하다. 은행(銀杏), 압각수(鴨脚樹), 공손수(公孫樹), 압장수(鴨掌樹), 영안목(靈眼木), 백안(白眼), 백과목(白果木), 옥과(玉果), 백행(白杏), 인행(仁杏), 행자목(杏子木), 불지갑(佛指甲), 평중목(平仲木) 등 여러 가지가 있는데 그 중에서도 은행, 압각수, 공손수를 흔히 쓰고 있다. 은행은 일반적인 표현이고, 압각수는 은행잎이 오리발을 닮았다하여 붙인 이름이며, 공손수는 은행을 심으면 그 열매는 손자 대에 가서야 얻을 수 있다하여 붙여진 이름이다. 중국에서는 압각수라는 이름을 흔히 사용하고 있다.

- '은행'은 한자 은행(銀杏)을 표음한 것으로서 한국에서는 이 이름으로 통용되고 있다. 은행은 냄새가 나고 부드러운 육질로 된 외종피(外種皮)를 제거하고 난 뒤 얻은 종자의 모양이 살구 씨를 닮았고 광택이 있는 은빛이기에 붙여진 이름이다. 한자 표기 銀杏은 중국이나 일본에서도 통용되고 있다. 행(杏)이라는 한자는 살구나무를 뜻하기도 하고 동시에 은행나무도 의미한다.[7]

:: 은행나무 돌기의 종류(나무고드름, 하지, 큰 돌기)

은행나무 줄기나 가지를 잘 살펴보면 특이한 형태의 돌기가 있는 것을 보게 된다. 기존의 문헌에서는 유주(乳柱, 젖기둥)와 하지(下枝) 두 가지로 분류하고 있으나 여기서는 나무고드름, 하지, 큰 돌기의 세 가지로 분류하고자 한다. 가끔 나무고드름인지 하지인지 경계가 불분명한 돌기도 볼 수 있다.

유주란 은행나무에서 흔히 볼 수 있는 것으로서 나무줄기 혹은 가지에 붙어 땅을 향해 자라나는 둥글둥글한 모양의 돌기를 말한다. 그런데 은행나무 관련 서적에서 흔히 사용되는 '유주'라는 표현은 적절한 것 같지 않아서 여기에서는 '나무고드름'이라는 용어로 대체하여 사용하고자 한다. 나무줄기 혹은 가지에 늘어진 모습이 마치 고드름처럼 생겼기에 '유주' 보다는 '나무고드름'이 나을 것으로 생각된다. 나무고드름은 그 표면이 마치 용암이 흘러내리는 듯한 부드러운 형태를 띠는 것이다.

나무고드름은 하지(下枝) 즉 밑으로 뻗은 나뭇가지와는 구별된다. 다음의 사진을 보면 서울 문묘 은행나무, 청도 하평리 은행나무, 서산향교 은행나무는 부드럽게 흘러내리는 모양이고, 서울 방학동 은행나무, 담양 후산리 은행나무, 그리고 벌교 고읍리 은행나무는 용암이 흘러내리는 형태가 아니라 그 표면이 정상적인 수피 형태를 띠고 있다. 이렇게 수피 즉 껍질형태의 나무고드름을 '하지'라고 한다.

오래된 은행나무의 대부분은 원줄기 지상 0.5-3m 부분에 커다란 둥근 형태의 돌기를 갖는다. 물론 그 크기가 작은 것도 있다. 대표적인 것은 경기도 양평의 용문사 은행나무이다. 이러한 돌기를 '큰 돌기'라고 칭하고자 한다.

또 은행나무 관련 서적에서는, 나무고드름은 일본의 은행나무에는 많이 달려 있지만 우리나라 은행나무에는 극히 일부 나무에만 달려 있다고 하는데 그것은 올바른 표현은 아닌 것으로 생각된다. 전국의 은행나무를 탐방해 본 결과 상당부분의 은행나무에 나무고드름이 달려 있음을 확인할 수 있었다. 나무고드름은 서울 문묘 은행나무, 화순 야사리 은행나무, 청도 하평리 은행나무에서만 볼 수 있는 것이 아니라 웬만한 나무에서는 볼 수 있는 현상이다. 서울 문묘나 화순 야사리, 청도 하평리 은행나무는 나무고드름이 크지만, 다른 나무의 경우에는 작은 모양의 나무고드름이 나무 어딘가에 붙어 있다. 물론 나무고드름이 전혀 없는 나무도 있기는 있다. 나무고드름은 암나무나 수나무에서 모두 발견할 수 있으며, 수령 200-300년 이상되어야 나타나는 현상이

아니라 서울성남교회 은행나무에서 보는 것처럼 50년
된 나무에서도 볼 수 있는 현상이다.

6. 하지 : 보성 벌교 고읍리 은행나무 8. 큰 돌기 : 강릉 옥천동 은행나무
7. 큰 돌기 : 양평 용문사 은행나무   9. 큰 돌기 : 금산 보석사 은행나무

식물학자가 아닌 비전문가의 입장에서, 다만 전국을 다니며 은행나무 사진을 찍고 은행열매를 만져 본 사람으로서 은행나무가 뿌리에서부터 둘 또는 셋, 때로는 그 이상의 줄기가 올라오는 현상에 대해 다음과 같이 이해하고 있다. 사진과 같이 하나의 열매가 둘로 나뉘어져 있는 경우가 있는데 이것이 땅에 묻혀 발아하게 되면 거의 예외 없이 복수의 줄기를 보게 된다. 다른 사진을 보면 하나의 마디에 열매 두 개가 붙어 있고, 발아하는 경우 두 개의 열매에서 나온 싹이 같이 올라와 하나의 줄기를 형성하게 된다. 또 다른 사진은 하나의 열매에서 두 개의 싹이 나오는 것을 볼 수 있는데 이것이 줄기가 여럿 올라오는 원인인 것으로 보인다.

한 가지를 덧붙이자면, 은행나무는 줄기의 뿌리 부분 혹은 지상부분의 줄기 어느 지점에서 자목이 올라와 성장하고 때로는 자목의 자목(손목)이 올라와 성장하고 그 나무를 유지해 가는 나무라는 점이다. 500년 이상 된 은행나무들을 보면 줄기 이외에도 자목(子目), 손목(孫木)이 올라와 있는 것을 볼 수 있다. 모목(母木)에서 열매가 떨어져 발아하여 성장하는 경우도 많다.

열매 하나에 싹이 2개인 경우

쌍열매의 경우

열매 하나가 둘로 나뉜 경우

1. 자목 : 삼척 늑구리 은행나무
2. 자목 : 강릉 운산동 은행나무
3. 자목 : 청도 적천사 은행나무

∷ 은행나무 부식(腐蝕)

전국의 은행나무를 탐방하면서 느
낀 것은 은행나무는 일정한 수령까
지는 외관이 깔끔하고 아름다우며,
공해와 병충해에 강한 나무이지만,
오랜 세월이 흐르면 은행나무는 스스로 부식되는 경우가 많다는 것이다. 그
것은 은행나무의 뿌리가 왕성한 활동을 하여 땅속 깊은 곳까지 내려가 수분
을 빨아올리는 탓에 나무에 습기가 많기 때문이고, 습기가 많다보니 이끼가

끼는 경우도 많고, 또 줄기가 지상 1-2m 정도 높이부터 갈라지는 탓에 그 갈라지는 부분에 흙이나 먼지, 수분이 모여 부식하게 되는 환경을 스스로 제공한다는 것이다. 천연기념물 은행나무나 시도기념물 은행나무는 대부분 썩은 부위가 있고, 보호수 중에도 줄기들이 썩어서 외과수술을 받은 나무들이 적지 않다. 건강한 은행나무를 보고자 한다면 보호수 혹은 그 이전 단계에서부터 관심을 갖고 관리하는 것이 바람직하다.

나무가 썩었을 경우, 과거에는 상처 부위에 시멘트를 집어넣었으나, 근년에는 살균ㆍ방부 처리를 마친 뒤 속에 우레탄을 넣고 코르크 재질의 인공 수피로 나무의 겉을 처리하고 있으며, 색깔과 무늬까지 본래의 나무껍질에 맞추어 마무리하고 있다. 전국의 주요 은행나무들은 외과수술을 한 지 오래 되었는지 시멘트를 사용한 것이 대부분이었다. 시멘트로 처리한 것은 다시 점검하여 최신 기술과 소재로 손질해 두는 것이 나무를 위해서 바람직한 일이라고 생각된다.

보호수의 경우에도 썩은 부위 때문에 수술한 나무가 많음을 볼 때 보호수 이전 즉 일반 은행나무 단계에서부터 관심을 갖고 보살펴주는 '준보호수' 지정제도를 고려해 볼만하다. 수많은 은행나무를 '준보호수'로 지정할 필요는 없겠지만 적어도 수형이 아름답거나, 풍치 좋은 곳에 위치해 있거나, 사람들의 눈길이 자주 가는 곳에 있는 나무를 선별하여 '준보호수'로 지정한다면 우리의 후대는 건강하고 수형이 아름다운 은행나무들을 볼 수 있을 것이다.

:: 은행나무 전설 유형

오래된 은행나무들은 나무의 유래와 관련된 전설을 갖고 있는 경우가 많다. 단, 향교나 서원의 경우에는 오래된 나무라도 전설이 있는 경우는 드물다.

1. 뱀 같은 뿌리 : 원주 반계리 은행나무
2. 수면에 투영된 모습 : 광주 칠석동 은행나무
3. 수면에 투영된 모습 : 산청 평지리 은행나무
4. 배의 균형을 맞추는 돛대 : 함양 운곡리 은행나무

전국을 다니며 보고들은 전설을 유형별로 정리하면, ① 삽장성목전설 ②
목내거사전설 ③ 변란예고전설 ④ 득남기복전설 ⑤ 결실제어전설 ⑥ 돛
대균형전설 ⑦ 수면투영전설 ⑧ 호랑이은혜전설 ⑨ 낙엽예측전설 등 9가
지이다.

이 중 스님이나 도인들이 꽂은 지팡이가 나무로 자라났다고 하는 삽장성목
(揷杖成木)전설, 나무 안에 뱀이 살고 있었다고 하는 목내거사(木內居蛇)전
설, 국가나 마을에 큰 변란이 있기 전에 소리를 내거나 가지가 부러지는 변란
예고전설, 치성을 다하여 기도하면 아들을 얻거나 복을 받을 수 있다는 득남
기복전설이 사례수가 많은 유형이다.

결실제어전설은 은행나무열매의 냄새가 싫어 열매를 맺지 않게 했다는 것,
돛대균형전설은 배 모양을 한 마을의 균형을 맞추기 위해 돛대 역할을 하는
나무를 심어 마을이 가라앉지 않도록 하는 것, 수면투영전설은 곁에 짝꿍이
없어서 물에 비친 모습을 보고 은행열매를 맺게 되었다는 것, 호랑이은혜전
설은 호랑이에게 도움을 주었더니 호랑이가 은행열매를 물어다 주었다는 것,
그리고 낙엽예측전설은 은행단풍의 색깔과 낙엽 떨어지는 속도를 보고 다음
해의 풍년 여부를 점쳤다는 내용의 전설이다.

:: 은행나무와 토착민속신앙

많은 은행나무가 마을, 가문, 사찰, 향교, 서원, 교회 혹은 성당을 지켜주는 지
킴이 역할을 하고 있다. 그 한편에서 은행나무는 토착민속신앙 혹은 무속신
앙의 대상이 되어 있기도 하다. 많은 사례를 볼 수 있었지만 몇 가지만 사진
으로 소개하고자 한다.

1. 서울 시흥행궁터 은행나무 : 막걸리와 향
2. 성남 은행동 은행나무 : 사탕봉지
3. 경주 운곡서원 은행나무 : 막걸리와 동전
4. 서울 당산동 은행나무 옆 : 북어(천 원짜리 지폐가 입에 물려있다)

1. 서낭나무 금줄 : 구미 농소리 은행나무　　2. 서낭나무 금줄 : 금산 보석사 은행나무
3. 서낭나무 금줄 : 담양 봉안리 은행나무　　4. 서낭나무 금줄 : 의령 세간리 은행나무

02
은행나무 탐방

이제 은행나무는 '수호목'보다는 '건강목'으로 자리매김을 해야 될 때가 온 것으로 생각한다. 이제 전국에 산재해 있는 여러 가지 모습의 은행나무를 찾아 여행을 떠나보자.

02 은행나무 탐방

1. 서울

<table>
<tr><td>1</td><td>서울 문묘
은행나무

천연기념물
서울 – 1</td></tr>
</table>

서울시 종로구 소재 성균관대학교 경내 문묘(文廟)의 명륜당(明倫堂) 앞 뜰에는 10m 정도의 간격을 두고 두 그루의 은행나무가 자라고 있다. 두 그루가 명륜당 건물을 바라보고 나란히 서 있는데 명륜당 건물 현판을 바라보았을 때 오른쪽에 있는 나무가 천연기념물이다. 왼쪽에 서 있는 나무는 수령이나 나무 높이가 비슷한데도 천연기념물로 지정되지는 않았다. 그렇지만 나무를 보호하기 위한 낮은 울타리는 두 그루 둘레에 쳐져 있어 같이 관리되고 있음을 알 수 있다. 오른쪽에 서 있는 천연기념물 은행나무는 수령(樹齡) 480년, 높이 21m, 가슴높이 둘레 7.3m이다. 바로 옆의 나무는 키는 같은데 둘레가 4.2m 정도로 약

간 작은 편이다. 가지는 동서남북으로 잘 뻗었으며, 가지 중간에 지지대를 받쳐 나뭇가지가 밑으로 쳐지거나 무게를 이기지 못하여 부러지는 것을 막고 있다. 두 그루 모두 수나무이며, 나무의 가지가 잘 발달해 있어 넓은 수관 폭을 가지고 있다.

:: 문묘

문묘는 성균관대학교 정문 수위실 앞에서 바로 오른쪽(북쪽)으로 돌아 들어가면 나타나는데 공자의 신주(神主)를 모시는 사당이다.[8]

:: 나무 유래

이곳의 은행나무 유래와 관련해서는 두 가지 설이 있다. 첫째는 조선시대 중종 14년(1519)에 대사성(大司成)[9] 윤탁(尹倬)이 심었다는 설이고, 둘째는 임진왜란(1592) 당시 불에 타 없어졌던 문묘를 다시 세울 때인 1602년에 심었다는 설이다. 기록에 의하면 경학원(經學院) 경내에 4그루의 거대한 은행나무가 있었다고 하는데 지금은 두 그루만이 자라고 있다.[10]

8) 명륜당은 유생들을 교육하는 장소이다. 문묘의 명륜당은 1606년(조선시대 선조 39년)에 세워졌고 그 앞에 서 있는 대성전(大成殿)은 이보다 4년 앞선 1602년 건립되었다. 대성전은 공자의 위패와 중국의 4성(聖), 우리나라의 18현(賢) 등을 모시고 제향을 거행하는 건물로, 내부에는 공자를 주벽으로 하고 4성과 10철(十哲)을 모시고 있다. 그러나 전국의 향교는 경제적 상황 등에 맞추어 대성전을 지었기 때문에 건물의 규모에 따라서 제향 인물은 약간씩 다르다.

9) 대사성은 유학(儒學)과 문묘 관리업무를 담당하는 직책이다.

10) 문화재청 홈페이지 지정문화재 검색 자료 (http://www.cha.go.kr)

이 은행나무의 특징은 원줄기가 죽은 후 나무 밑에서 7개의 줄기가 자라서 원줄기 크기와 같이 자랐다고 하는데, 지금은 서로 붙어있어 완전한 큰 하나

의 줄기처럼 보인다. 북쪽 편에는 맹아(萌芽)가 싹터 자란 어린줄기들이 발달해 있다.[11]

두 나무 모두 줄기 혹은 가지의 돌기가 땅쪽을 향해 자라는 '나무고드름'이 발달되어 있다.[12] 천연기념물 나무에는 크고 작은 여러 개의 나무고드름이 달려 있는데 한 줄기에는 큰 나무고드름 2개와 작은 나무고드름 1개가, 그리고 다른 줄기에는 1개가 특색 있는 형태로 붙어 있다. 천연기념물이 아닌 나무에도 굵은 나무고드름이 하나 지표 가까이에 붙어 있다.

:: 전설

문묘 은행나무는 본래 암나무였는데 나무 앞에서 고유제(告由祭)를 지내, 은행이 열리지 않도록 해달라고 기원을 한 후부터는 이 나무에서 은행이 열리지 않게 되었다고 한다.[13]

명륜당 앞뜰 두 그루의 문묘 은행나무. 오른쪽이 천연기념물 제59호이다. 긴 나무고드름을 갖고 있는 나무들이다.

● 관리자: 서울시

서울 도봉구 방학동 연산군 묘역 부근에는 서울에서 가장 나이가 많고 큰 은행나무가 있다. 이 은행나무는 수령 830년, 높이 25m의 수나무이며, 1968년 2월 26일 서울시 보호수 1호로 지정되었다.[14] 이 나무는 그 모습이 고상하고 아름다우며 오래 전부터 많은 사람들이 신성시 하였다.

14) 서울시는 1971년 4월 3일 서울을 상징하는 나무로 은행나무를 지정하였다. 은행나무는 양질의 목재, 은행열매, 신록과 단풍을 제공해주는 좋은 관상수이기 때문에 은행나무를 선호하는 지방자치단체가 늘고 있다. 번영과 안정을 상징하는 은행나무는 서울시와 경기도를 비롯한 다른 많은 지역의 도목, 시목, 군목, 혹은 면목으로 지정되어 있다.

:: 나무 상태

그동안 여러 차례의 화재를 겪었기 때문에 나무의 중심부는 검게 탔으나, 나무환경 정비사업을 하면서 탄 흔적을 제거하였다. 지상 2m 높이에서 사방으로 가지가 뻗어 있으며 생육상태는 양호한 편이다.

이 은행나무에 대한 주민들의 애정은 각별하여 부근에 아파트단지가 조성될 때에 나무의 생육에 지장을 주지 않도록 아파트의 구조가 변경되는 일도 있었으며, 최근에는 인근 다세대주택으로 인해 은행나무가 가지를 뻗지 못하고, 이끼가 발생하고 잎이 작아지는 현상이 발생하자 당국에 나무관리를 건의하기도 하였다.

:: 전설/일화

이 은행나무에는 긴 돌기가 달려 있으며, 아들을 낳지 못하는 여인들이 와서 정성껏 기원하면 아들을 낳게 해준다는 전설이 있다. 또 옛날부터 나라에 큰 변이 있으려면 이 나무에 불이 난다고 하는데, 지난 1979년 10월 26일 박정희 대통령 시해사건 발생 1년 전에도 이 나무에 불이 나서 소방차를 동원해서야 불을 껐다고 한다.

이보다 전인 1949년에도 은행나무에 불이 붙어 마을 사람들이 나와 불을 껐는데 당시에는 소방차가 없던 관계로 불은 꺼졌다가 다시 살아나기를 여러 번 되풀이하여 무려 6일 후에야 완전히 꺼졌다고 한다. 나무에는 썩은 부위가 여러 곳 있었는데 불이 나자, 썩은 구멍에서 수십 마리의 구렁이가 나왔다고 한다.[15] 화재 후, 나무 주변까지 사람들이 집을 짓고 살게 되면서 이 은행나무는 수난을 겪게 되었다. 1985년 나무 옆에 연립주택을 건축할 때 나무의 뿌리를 실어 갔는데 소형 트럭 20대 분이 나왔다고 한다. 이때 이 나무의 북향 가지와 뿌리가 주로 절단되었다고 한다.

15) 연산군 묘역 관리인 김기석 씨가 들려준 이야기 내용 중 일부이다.

:: 정비사업

800년 넘게 푸름을 자랑해 오던 은행나무에 이상이 생긴 것은 1990년대 초반부터이다. 부근에 빌라와 아파트 등이 속속 들어서면서 나무의 건강도 서서

히 나빠지기 시작했다고 하는데, 1995년에는 가지가 마르고 잎이 시드는 병이 생겨 구청에 '나무를 살려 달라'는 민원이 접수되기도 했다. 공기흐름 정체와 배수불량으로 인하여 나무의 생육환경에 문제가 발생하자 도봉구는 4차례에 걸쳐 썩은 가지를 제거하는 수술을 하고 뿌리의 성장을 방해하는 건물을 철거하는 등 응급조치를 했지만, 근본적 해결책은 되지 못했다. 주민들과 구청의 관심에도 불구하고 나무는 계속 쇠약해지기만 했다. 정상적인 뿌리의 생장을 위해선 나무 인근의 빌라를 철거해야 한다는 진단결과에 따라 구청은 나무 앞 빌라에 거주하는 주민들을 설득했고, 주민들이 긍정적으로 반응하여 은행나무 주변 정비공사가 시작될 수 있었다.

은행나무 및 주변 환경 정비 사업이 시작되면서 1995년에 연립주택 2동을 먼저 헐고 2007년에 다시 연립주택 2동을 헐었다. 2008년 8월 중순에 제1단계 정비 사업이 종료되었다. 나무 주위에 톱밥을 깔았고, 썩은 부위는 외과수술을 했는데 우레탄 소재인지 일반 시멘트보다는 자연스러워 보였다. 심하다 싶을 정도로 나무주변을 깨끗하게 정리해놓아 뿌리 부분에서 그 흔한 맹아 하나 찾아보기 어렵다.

:: 특색

이 은행나무는 하지(下枝) 즉 밑으로 뻗어 내린 가지가 하나 있는데, 그 길이는 약 40cm 정도 되어보였다. 그 끝부분은 썩어 외과수술을 한 흔적이 있다. 이 나무는 옆에 원당천이 있어서 그런지 나무껍질 표면에 습기를 많이 머금고 있었는데, 정비 사업을 할 때 껍질에 붙은 이끼와 검게 변한 껍질 등을 벗기고 긁어냈기 때문에 나무의 원색이 살아있다. 잔가지가 많지 않고 가지들이 하늘을 향해 높이 뻗은 것이 나무의 힘찬 모습과 위용을 보여준다.

원당천

:: 주변

이 은행나무는 연산군 묘(燕山君墓) 앞에 서 있어 마치 묘를 지키는 듯하다.[16] 묘에서 내려다보았을 때 좌측에 은행나무가, 우측에 원당천(元堂泉)이 있다. 원당천은 600년 전 파평 윤씨 일가가 원당마을에 정착하면서 주민들의 식수로 이용하였으며, 마을의 이름을 따서 '원당샘'으로 명명한 것이다. 1979년 주민들에 의해 정비되었고, 2008년 6월 현재의 모습으로 복원되었다.

16) 연산군 묘역에는 조선 왕조 제10대 임금이었던 연산군(1476–1506)과 왕비인 거창군부인 신씨(1472–1537) 등이 안장되어 있다. 연산군은 성종의 아들로 태어나 19세에 임금이 되었다. 젊은 임금이었지만 붓글씨를 잘 쓰고 시를 잘 지었다. 그러나 두 번씩이나 사화(士禍)를 일으켜 조정을 어지럽히자 신하들은 왕위를 박탈하여 연산군으로 강등시키고 강화도로 추방하였으며, 중종(中宗) 임금을 새로 추대하였다(1506). 그 해에 연산군은 병이 들어 강화도에서 31세로 생을 마쳤는데 7년 후 부인 신씨의 요청으로 묘소를 이곳으로 옮기게 되었다(1513). 묘의 시설은 왕장의 묘제에 따라 담장, 혼유석(魂遊石), 장명등(長明燈), 문인석(文人石), 재실(齋室) 등이 갖추어져 있다. 왕릉보다는 간소하나 조선시대 전기 능묘석물의 조형이 잘 남아 있다. 묘역 아래에는 궁인 조씨 및 사위와 딸의 무덤이 있다.

:: 제례

마을 주민들은 이 나무에 영험한 힘이 있다고 믿어 매년 초 나무 앞에서 마을의 행운을 기원하는 제사를 지내 왔다. 한동안 맥이 끊겼던 이 풍습은 약 10년 전 동네주민들이 제사를 다시 지내면서 부활되었다.

주변 정비사업이 잘 된 방학동 은행나무. 나무 왼편의 노란 지붕이 원당천, 나무줄기 중간 뒤 연한 녹색이 연산군 묘역이다.

◉ 서울시 도봉구 방학동 원당길 10

송파구 올림픽공원 내에는 은행나무가 한 그루 자라고 있다. 이 나무는 수령 530년, 높이 17.5m의 암나무이다. 1968년 7월 3일 보호수로 지정되었으며, 서울올림픽기념체육진흥관리공단이 이 나무를 관리하고 있다.

몽촌토성 부근이라 이 토성과 무슨 연관이 있지는 않을까 생각도 들지만 관련 자료가 확보되지 않아 나무내력은 알기 어렵다. 잔디밭은 출입이 금지되어 있기에 경비아저씨의 특별한 허락을 받고 나무 가까이에 가서 사진을 찍었다.

:: 몽촌토성

몽촌토성은 서울 송파구 방이동, 오륜동 일대에 걸쳐 있는 백제 초기의 토성
및 토성터로서, 그 둘레는 약 2.7km이고, 높이는 6-7m이다.

전망 좋고 바람 잘 통하는 좋은 환경에서 자라고 있는 올림픽공원 은행나무.
지상 2-3m 부분에서부터 가지가 옆으로 퍼져 지지대로 받쳐주고 있다. ● 서울시 송파구 오륜동 88-3

서울시 금천구 시흥동 은행나무 사거리에는 세 그루의 은행나무가 있다. 이곳은 조선시대 금천현(衿川縣)의 동헌(東軒)이 있던 자리였으며, 이 동헌을 정조대왕이 능행할 때 행궁으로 사용했다고 한다. 이곳에 있던 행궁은 없어지고 역사를 지켜 본 은행나무들이 그 자리를 지키고 서 있다.

이 나무들은 1968년 7월 3일 보호수로 지정되었으며, 금천구청장이 관리하고 있다. 세 그루는 수령이 모두 830년이고, 모두 암나무이나, 나무높이와 둘레에는 차이가 있다. 은행나무 사거리에서 약간 동쪽으로 올라간 지점 도로 한 가운데 삼각지에서 자라고 있는 현령 선정비 앞 나무는 높이 8.5m, 둘레 6.1m이고, 현령 선정비 앞 나무와 마주 보며 대로변 대형건물 앞에서 자라고 있는 동헌 관아터 나무는 높이 14m, 둘레 8.6m, 그 대형건물을 끼고 들어간 골목에서 자라는 예향교회 앞 나무는 높이 10.8m, 둘레 7.4m이다.

현령 선정비 앞 나무(전체와 부분)

나무 수령은 830년 이상의 오래된 나무들인데, 가까이서 보면 나무 반, 시멘트 반이다. 썩은 동공 안에 스펀지 등의 재료를 넣고 그 위에 시멘트를 발랐는데, 오래 전 기술이라 그런지 시멘트에 균열이 가고 시멘트와 원나무 사이가 벌어진 곳이 이곳저곳 눈에 띤다. 현령 선정비 앞 나무의 상태를 보니 원줄기는 없어지고 맹아근에서 올라 온 줄기들이 원줄기를 대신하고 있는데 그나마 건강해보이지 않는다. 다른 두 그루가 모두 비슷한 상태이다. 동헌 관아터 나무는 키가 장성한 편이지만, 그 밑동을 보면 측은한 생각이 들 정도로 시멘트를 발라 놓은 면적이 넓다. 그래도 잘 자라 준 것이 고마울 뿐이다. 세 그루 중 두 그루가 교통량이 많은 대로변에 서 있는 것이 안쓰럽다.

동헌 관아터 나무(전체와 부분)

:: 시흥행궁

시흥행궁의 정확한 위치는 알 수 없으나 서울시 금천구 시흥 5동 836번지 일
대로 추정되고 있다. 시흥행궁은 조선시대 정조가 장헌세자(莊獻世子, 사도
세자)의 능행길에 들렀던 행궁(行宮)으로, 1795년 윤2월 9일, 2월 15일, 1797
년 1월 29일, 같은 해 8월 19일에 머물렀다. 정조는 비명에 간 양주(현 서울 전
농동) 배봉산에 있던 아버지 장헌세자(莊獻世子)의 영우원 묘소를 수원 화성
으로 옮기고 현륭원(顯隆園, 후에 융릉)이라 하였다. 본래 능행길은 노량진
에서 배다리를 놓아 한강을 건너 과천을 거쳐 가는 것이 원칙이었으나, 장헌
세자 처벌에 적극 간여한 김상로(金尙魯)의 형 김약로(金若魯)의 무덤이 과
천 한우물(고려 태조의 할머니 용녀龍女가 팠다는 샘) 근처에 있다하여 금천과 안양을 거쳐 가는 길로 바꾸
었다 한다.[17]

17) 금천향토문화지(1996),
404쪽.

예향교회 앞 나무(전체와 부분)

시흥행궁터 세 그루 은행나무 중 현령 선정비 앞 나무. 바로 왼쪽 뒤편에 있는 나무가 동헌 관아터 은행나무이다.
서울시 금천구 시흥동 836번지 일대

영등포구 당산동 6가 당산공원에는 한 그루의 은행나무가 자라고 있다. 이 나무는 수령 535년(800년), 높이 21m의 수나무이다. 1968년 7월 3일 서울시 보호수로 지정되었으며 영등포구청장이 관리하고 있다. 당산중학교와 삼성 래미안아파트 105동 사이의 공원 내에 있는 이 나무가 서 있는 지점이 주위보다 높은 곳이라서 북동쪽으로는 한강과 국회의사당, 여의도 금융가가 보이고, 남서쪽으로는 여러 아파트 단지와 단독주택들이 내려다보인다.

:: 나무 유래

조선시대 초기 임금님이 쉬어간 것을 기념하기 위해 심은 나무이다. 마을사람들은 이 나무를 마을의 수호신으로 삼아 제사를 지내왔다.

:: 나무 상태

이 나무는 나무 밑동에서 줄기 상당부분이 썩어 있다. 외과수술을 한 흔적이 크다. 특히 서쪽 줄기에 큰 동공이 있었는지 나무 밑동 대부분이 시멘트로 덮여 있다.

:: 제례

1925년 을축년 대홍수 때 이 일대가 침수되자 마을사람들이 나무 밑으로 피신하여 무사했다고 한다. 이때부터 사람들이 나무 밑에 당을 지어 제사를 드리게 되었다고 한다.

한강과 여의도 일대가 내려다보이는 전망 좋은 곳에 있는 당산동 은행나무. 사진 오른쪽 나무가 보호수이다.
● 서울시 영등포구 당산동 6가 10번지(당산공원 내)

<table>
<tr><td>**6**</td><td>**서울 풍문여고
은행나무**
</td></tr>
</table>

서울시 종로구 안국동 로터리에 풍문여자고등학교가 자리하고 있다. 교정에 들어서면 본관 건물이 보이는데 그 건물 뒤로 돌아가면 깨끗한 정자 안동정(安洞亭) 옆에 380년 수령의 은행나무가 한 그루 자라고 있다. 이 은행나무는 풍문여고의 교목(校木)이다.

:: 나무 상태/특징

원줄기는 많이 노약해져서 썩었거나 껍질이 벗겨진 상태에 있으나 원줄기 주변의 다른 줄기와 자목 줄기들이 퍼져 풍성한 나무를 이루고 있다. 이 은행나무는 나무 밑동에서부터 옆으로 자라난 줄기들이 위로 뻗어 올라가 원줄기의 노쇠함을 가려 주고 있다. 지상부분에서 바로 줄기가 옆으로 퍼진 것은 다른 은행나무에서는 여간해서 볼 수 없는 일이다.

:: 학교 연혁

풍문여고가 위치한 곳은 과거 안동별궁이 있던 장소이다. 안동별궁터는 한일합병(1910) 이후 상궁들의 거처로 사용되어 오다가 1937년 안유풍(민영휘의 아내) 여사가 이 자리에 휘문소학교(풍문여고 전신)를 건립하였고, 우정(雩汀) 민덕기 씨가 '훌륭한 여성은 나라발전의 어머니다.'라는 뜻을 지니고,

풍문여고 교정

여성교육의 확장을 통해 나라발전에 기여함을 목적으
로 풍문학원을 설립하였다.

18) http://seoul600.
visitseoul.net/seoul-
history/sidaesa/
txt/5-2-1-4-3.
html(2008.11.09)

:: 안동별궁

조선시대 초기의 별궁인 안동별궁(安洞別宮)은 1881년(고종 18년)에 지은 별궁
으로서 그 소재지가 북부 안국방(安國坊)의 소안동(小安洞)이었음으로 '안동별
궁'으로 호칭하게 되었다고 한다. 안동별궁이 있던 자리는 전부터 역대 왕실의 저
택이 있던 곳이며, 별궁은 왕실의 혼례를 거행하던 가례소로도 사용되었다.[18]

안동별궁터의 풍문여고 은행나무. 이 나무는 이곳이 역사적으로 의미 있는 장소임을 말해준다.
◉ 서울시 종로구 안국동 175-2번지

종로구 필운동 소재 배화여고 본관 건물 앞 공간에는 두 그루의 은행나무가 자라고 있다. 두 나무 모두 수령 100년이 안된 젊은 나무들이나 시내 중심가 높은 지대에서 기독교 신앙의 전파와 역사의 흐름을 지켜 본 나무들이다. 붉은 벽돌로 지은 본관 건물이 아름답다.

:: 학교 연혁

배화여고는 1898년 미국 선교사 조세핀 필 캠벨 여사(Mrs. Josephine Peel Campbell)가 창립한 학교이다. 미국 남감리교 선교사인 캠벨 여사는 1898년 10월 2일 최초의 여자 선교사로 제물포에 상륙, 내한하여 고간동(현재의 내자동)에서 캐롤라이나 학당을 창설하였다. 캐롤라이나 학당은 1910년 4월 2일 그 명칭을 배화학당이라고 개칭하였다. 6명의 학생으로 시작한 이 학당은 현재는 배출 졸업생수가 2만 3천여 명을 넘는 학교로 성장하였다.

배화여고 은행나무. 사진 오른쪽으로 정부종합청사가 보이고, 나무 아래에는 캠벨 여사상과 리드 선교사 내한 100주년 기념비가 보인다. ◉ 서울시 종로구 필운동 12번지

서울시 종로구 행촌동 권율장군 집터에는 수령 450년의 큰 은행나무 한 그루가 자라고 있다.[19] 동네이름도 은행나무의 '행(杏)'자를 따서 '행촌동' 즉 은행나무 마을이라고 지었다고 한다. 원래 이 동네는 사직동에 속해 있었으나 은행나무 덕에 행촌동으로 변경되었다.

:: 나무 유래

좁은 골목길의 은행나무 앞에는 '행촌동 1번지' 표지판, 그리고 '임진왜란에 행주대첩을 거둔 도원수 권율장군

19) 권율장군은 1537년에 출생하여 1599년 예순셋의 나이에 사망하였다. 전라도 순찰사로 있던 그는 1592년 임진왜란이 일어나자 경기도 고양시 덕양구에 위치한 덕양산(해발 124m) 정상에 축조된 행주산성에서 3만 왜군을 막아내고 그 여세를 몰아 수원 독산성에 포진하여 서울을 탈환하고자 경기, 충청, 전라 3도의 총 지휘관이 되어 1593년 2월 11일 승장 처영이 이끄는 승군을 포함한 장병 1만 여 명을 거느리고 행주산성에 진주하였다. 그는 행주대첩의 승리로 도원수로 승임되었다.

의 집터'라고 새겨진 작은 비석 하나가 서 있다. 집의 원형은 하나도 남아 있지 않다. 권율장군이 집 마당에 심은 은행나무가 자라 이렇게 성장한 것이다.

:: 나무 상태

이 나무는 주택가 골목 그것도 민가 담장 옆에 옹색하게 자리 잡고 있어 보기에 민망하다.

나라를 지키고자 했던 권율장군과, 3·1 독립운동 소식을 전 세계로 타전한 UPI 통신사 특파원 알버트 테일러, 그리고 그가 살던 집을 바라보면서 살아온 이 은행나무는 현재 나무 밑동에서 줄기 부분까지 시멘트, 콘크리트로 둘러싸여 숨쉬기조차 힘든 상황에서 동네를, 서울 시내를 말없이 내려다보고 있다.

:: 딜쿠샤

은행나무 맞은편에 눈길을 끄는 적색 벽돌로 지어진 유럽풍의 붉은 벽돌건물이 있다. 이 건물의 이름은 딜쿠샤(Dilkusha)인데, '이상향'이라는 뜻의 힌두

어이다.[20] UPI 통신사의 알버트 테일러 특파원이 살던 집이다. 그는 1923년에 이 집을 지어 가족과 함께 살았다. 태평양전쟁이 발발하면서 미일관계가 악화되자 서울에 있던 외국인들이 감금되었는데, 이때 테일러도 3·1운동을 세계에 알리고 한국의 독립운동가들을 도왔다는 이유로 일제의 감시와 탄압을 받았다고 한다. 1942년 5월 조선총독부에 의해 강제 추방되었다.

알버트 테일러는 1896년 조선시대 말기에 금광기사였던 아버지와 함께 조선으로 건너온 미국인인데, 금광개발을 하며 지내다가 아버지가 사망한 후 이곳 행촌동에 집을 짓고 살다가 추방되었다.

:: 위치

종로문화체육센터를 찾으면 쉽게 나무에 접근할 수 있다. 종로문화체육센터 옆에 '한국사회과학자료원'이 있고 그 옆에 '옥경식품'과 '할머니 가게'가 있는데 은행나무는 이곳에서 보이는 아주 가까운 거리에 있다.

20) '딜쿠샤'라는 명칭은 알버트 테일러씨와 부인인 메리 테일러씨가 1917년 인도에서 결혼을 할 즈음에 인도 북부에서 본 어느 고성의 실제 명칭이었다. 이름의 뜻이 너무 마음에 들어서 메리 테일러씨가 자신이 결혼 후에 살게 될 집의 명칭을 이것으로 하리라 다짐을 했다고 한다.

더부살이하는 듯한 권율장군 집터 은행나무
● 서울시 종로구 행촌동 1-18

<table>
<tr><td>**9** 서울 성남교회
은행나무
일반
서울 – 9</td><td>서울 성남교회에는 50년 수령의 은행나무가 두 그루 자라고 있다. 나무높이는 둘 다 20m 정도이다.</td></tr>
</table>

성남교회는 남산을 향해 서있으며, 서울타워를 바라보고 있다. 교회 건물 정문에서 남산방향을 바라보았을 때 정문 안쪽 좌우에 두 그루의 은행나무가 서 있는데 왼쪽나무는 수나무, 오른쪽 나무는 암나무이다. 교회를 설립할 때 심어진 이 나무들은 근 50년의 세월을 교회 정문에 서서 교회를 지키고 교인들에게 쉼터를 제공해 준 나무들이다.

호헌총회 기념비

:: 교회 연혁

성남교회는 서울 용산구 동자동 후암시장 인근에 위치한 한국기독교장로회 소속 교회이다.

미군정 시작 직후인 1945년 12월 2일에 조선신학교 강당에서 송창근 목사의 인도로 첫 예배를 드린 것을 이 교회의 시발로 삼고 있다. 창립 당시 이름은 바울교회였고, 1947년에 송창근이 초대 당회장으로 취임했다. 성가대 지휘는 작곡가 나운영이 맡았다.

1950년 한국전쟁이 발발하여 송창근 목사는 납북되었고 교회는 부산 피난지에서 임시로 사역하다가 1953년에 서울로 복귀하였다. 1965년에 새로 건축된 예배당에는 '만우 송창근 목사 기념예배당'이라는 이름이 붙여졌다. 정식으로 '서울 성남교회'라는 이름이 확정된 것은 1982년이다.

1953년 6월 10일에 당시 한국신학대학 강당인 교회당에서 장로교 호헌파가 대한예수교장로회 제38회 호헌 총회를 개최한 것이 현 한국기독교장로회의 출발이 되었다. 이후 성남교회는 기독교 장로회 측을 대표하는 교회가 되었으며, 교회 안에 이를 기념하는 호헌총회 기념비가 세워져 있다.[21]

21) 이 기념비는 2003년 성남교회 교우일동의 이름으로 세운 것으로서, 1953년 6월의 제38회 호헌총회와 1954년 6월의 제39회 호헌총회를 포함하여 모두 8회의 총회가 개최된 것을 기념하고, 기독교장로회 교단의 분발과 전진을 다짐하는 내용이 새겨져 있다.

서울타워를 바라보는 두 그루의 은행나무

:: 나무 특색

암나무의 줄기를 보니 중간에 나무고드름이 여러 개 맺혀 있다. 수령 50년의 은행나무에 나무고드름이 맺혀 있는 것은 드문 일이다. 암나무 옆에는 등나무 그늘이 있는데 등나무가 은행나무 줄기를 타고 올라가 휘감았던 흔적도 보인다.

성남교회 은행나무. 왼쪽에 호헌총회 기념비가 보인다. 이 교회 정문에 서면 서울타워도 보인다.
◉ 서울시 용산구 동자동 17-3번지

방화동 큰나무교회 옆 공원에는 오래된 나무들이 몇 그루 있는데 그곳에 보호수 은행나무와, 보호수 느티나무 두 그루가 자라고 있다. 큰나무교회 은행나무는 수령 470년, 높이 26m의 수나무이며, 1972년 10월 12일 보호수로 지정되었다. 나무가 있는 곳에는 사방을 둘러 자갈을 깔고 보호경계를 표시하였다.

:: 나무 유래

조선시대 중종 때 정승 심정이 심은 이 은행나무는 능말 옛터를 지키던 나무이다. 470여 년 전부터 이 마을을 지켜온 수호목이다.

왼쪽 두 그루는 느티나무, 오른쪽이 은행나무이다.

:: 나무 상태/특징

은행나무 중앙줄기는 부패하여 절단되고 시멘트로 발라져 있으며, 다른 줄
기도 위쪽을 보면 상당부분 외과수술을 한 흔적이 보인다. 나무고드름이 여
러 곳에서 자라고 있다.

느티나무(왼쪽), 은행나무(오른쪽)

나무들은 김포공항 북쪽에 있는 개화산 아랫부분에 자리하고 있으며, 옆에는 한강이 흐르고 있는 양지바른 곳이다. 이곳 능말 옛터마을은 조선시대 중종 때부터 형성된 약 470년 된 마을로서, 지금의 김포 장릉(원종 왕릉)이 터를 잡으려 했으나 약간 협소하여 자리를 바꾼 것에서 '능말'이라는 지명이 유래되었다. 은행나무 옆에는 지역토착주민 20여 명으로 구성된 능우회 회원들이 1992년 10월 17일에 세운 능말 옛터 애향비가 있다.

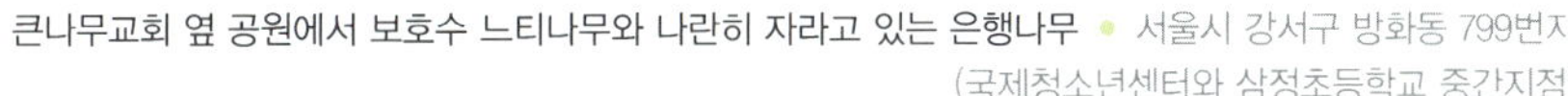

큰나무교회 옆 공원에서 보호수 느티나무와 나란히 자라고 있는 은행나무 ● 서울시 강서구 방화동 799번지
(국제청소년센터와 삼정초등학교 중간지점)

2. 인천·경기

강화도의 볼음도(乶音島) 은행나무는 수령 800년, 나무높이 24.5m, 뿌리 근처 둘레 9.8m의 수나무이다. 섬의 북동향(北東向) 바닷가 끝부분에서 자라고 있으며 나무 북쪽으로는 바로 해변이 펼쳐져 있고, 동쪽으로는 볼음저수지를 접하고 있다.

섬의 바닷가 끝부분에 위치하고 있는 관계로, 또 교통이 불편한 관계로 이 나무를 찾는 사람은 많지 않아 보인다. 은행나무에서 남쪽으로 멀리 떨어진 곳에 민가가 몇 채 있었는데, 마을 사람들은 이 나무를 마을을 지켜주는 신성한 나무로 여기고 있다. 나무 옆에는 피뢰침이 설치되어 나무가 벼락에 맞지 않도록 막아주고 있다.

이 은행나무는 바닷물이 나무 아래까지 들어와 염분으로 인해 수세가 매우 약했었는데, 제방 둑을 쌓아 바닷물을 차단하면서 수세가 다시 왕성해졌다고 한다.

:: 나무 유래

이 나무는 약 800년 전에 육지에서 홍수가 났을 때 바다에 떠내려 온 은행나무 묘목을 섬 주민이 주워 바닷가에 심었는데, 이것이 성장하여 오늘의 거목이 되었다. 홍수 때 휩쓸려 내려 온 묘목이 이곳까지 왔다는 것은 당시 육지에는 많은 은행나무들이 서식하고 있었다는 사실을 뒷받침해 주는 증좌로도 볼 수 있다.

서해바다 먼 곳에 있는 섬에서 자라고 있는 이 나무가 육지에서 떠내려왔는지, 아니면 원래부터 볼음도에서 자라고 있었는지는 확실하지 않지만 자생목(自生木)일 가능성이 큰 것으로 보인다.

:: 전설

북한 황해도 연백군에 있는 암나무 은행나무를 그리워하여 밤마다 울음소리
를 낸다는 이야기가 전해진다. 또 이 나무의 가지를 다치게 하거나 부러진 가
지를 태우면 목신(木神)의 진노를 사게 되어 재앙을 받게 되며 끝내는 죽게
된다는 전설이 전해지고 있다.

:: 제례

매년 1월 30일이면 온 마을 사람들이 모여 마을의 안녕과 풍어를 기원하는 풍
어제(豊漁祭)를 지내왔는데, 한국전쟁 이후 출어금지(出漁禁止) 조치가 내려
지면서 풍어제는 자취를 감추게 되었다.

:: 교통/주변 환경

볼음도로 가려면 강화읍 외포 선착장에서 배를 타야 한다. 배는 외포항에서 1일 2회 오전 7시와 오후 4시에 출항하는데 여름철에는 승객의 수에 따라 그 중간 시간에 1-2회 증편되어 1일 3-4회 운항하기도 한다. 볼음도까지 소요되는

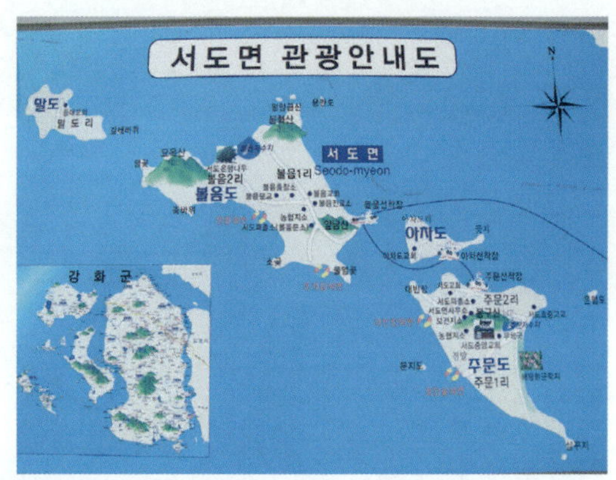

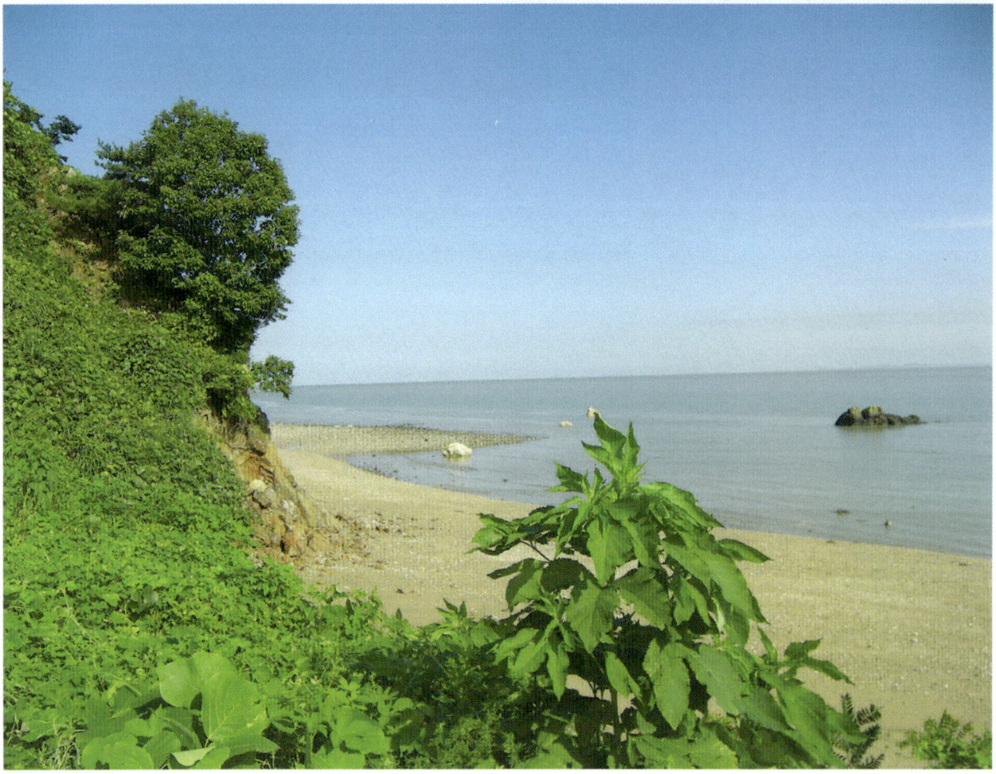

은행나무 뒤편의 해변

시간은 편도 1시간 15분 정도이
다. 강화도 서쪽 바다에 위치한
볼음도는 민통선 지역으로 전체
가 군사시설 보호구역으로 설정
되어 있다.

서해 바다를 지키는 천연기념물 제304호 볼음도 은행나무
● 관리자: 강화군　● 인천시 강화군 서도면 볼음도리 산 186

양평 용문사(龍門寺) 은행나무는 우리나라에 현존하는 은행나무 가운데 가장 높이 성장한 나무이다. 이 나무는 수령 1,100년, 나무높이 40m(2004년 실측), 뿌리부분 둘레 15.2m의 암나무이며, 가지퍼짐은 동쪽 14.1m, 서쪽 13m, 남쪽 12m, 북쪽 16.4m이다. 용문사 대웅전 부근에 위치하고 있다.[22] 이 나무는 배수가 잘 되는 비스듬한 경사지에 서 있고, 옆에는 물이 흐르는 작은 계곡이 있어서 나무가 건강하게 자랄 수 있는 자연환경 속에 있다.

:: 나무 유래

이 나무는 신라의 마지막 왕인 경순왕(재위 927-935)의 세자 마의태자(麻衣太子)가 망국의 한을 품고 금강산으로 가던 길에 심은 것이라고 한다. 일설에는 신라의 고승 의상대사(義湘大師)가 짚고 다니던 지팡이를 꽂아 놓은 것이 뿌리가 내려 이처럼 성장한 것이라고도 한다.

22) 전통사찰 제47호로 지정되어 있는 용문사는 신라 신덕왕(神德王) 2년인 913년에 대경대사(大鏡大師)가 창건하였다고 한다. 경순왕(재위 927-935)이 친히 이 절에 행차하여 나라의 안녕을 위하여 창건하였다는 설도 있다. 고려 우왕 4년(1348) 지천대사가 개풍 경천사의 대장경을 옮겨 봉안하였고, 조선 태조 4년(1395) 조안화상이 중창하였다. 세종 29년(1447) 수양대군이 모후 소헌왕후 심씨를 위하여 보전을 다시 지었고 세조 3년(1457) 왕명으로 중수하였다. 성종 11년(1480) 처안스님이 중수한 뒤 고종 30년(1893) 봉성 대사가 중창하였으나, 순종원년(1907) 의병의 근거지로 사용되자 일본군이 불태웠다. 1909년 취운스님이 큰방을 중건한 뒤 1938년 태욱스님이 대웅전, 어실각, 노전, 칠성각, 기념각, 요사 등을 중건하였으며, 1982년부터 지금까지 대웅전, 삼성각, 범종각, 지장전, 관음전, 요사채, 일주문, 다원 등을 새로 중건하고 불사리탑, 미륵불을 조성하였다. 경내에는 권근이 지은 보물 제531호 정지국사부도 및 비와 지방유형문화재 제172호 금동관음보살좌상이 있다.

여러 차례의 전란(戰亂)으로 인하여 사찰은 몇 번 피해를 입었다. 그런데 순종 원년인 1907년 정미의병(丁未義兵)이 일어났을 때, 일본군이 의병의 본거지라 하여 용문사에 불을 질렀는데 이 은행나무만큼은 불타지 않고 살아남았다고 한다. 일본군의 방화로 사천왕전(四天王殿)이 불타버렸는데 거듭되는 병화와 전란 속에서도 불타지 않고 살아남은 나무라 하여 사람들은 신목(神木), 천왕목(天王木)이라 불렀다. 조선시대 세종(재위 1418-1450) 때에는 높은 벼슬인 당상직첩(堂上職牒)을 하사받기도 한 영목이다.

1. 대웅전
2. 호국영목(護國靈木) 은행수 제단
3. 멀리서 바라본 용문사 은행나무

:: 나무 특징

나무줄기 아래쪽에 혹과 같은 큰 돌기가 나있는 것이 특징의 하나이다. 금산 보석사의 은행나무에도 이와 비슷한 모양의 돌기가 나무 원줄기 아랫부분에 나와 있다.

1. 용문사 은행나무
2. 은행잎 모양이 정겨운 은행나무다리
3. 은행나무 옆을 지나 흘러내리는 계곡물
4. 줄기가 땅으로 내려와 뿌리가 된 것으로 보이는 신기한 현상
5. 은행나무 형태상의 특징 중의 하나인 큰 돌기

이 나무는 나라에 큰일이 있다든가 변고가 발생할 때에
는 소리를 내어 그것을 미리 알렸다고 한다. 조선시대
말기 고종(高宗)이 승하하였을 때에는 큰 가지 하나가
부러져 땅에 떨어졌다고 한다. 또 옛날에 어떤 사람이
이 나무를 자르고자 톱을 대는 순간 나무에서 피가 쏟
아져 나왔다고 한다.

:: 축제

매년 10월 은행나무의 안녕을 기원하는 은행나무 축제
가 개최되고 있다.

까치 세 가구가 거주하는 천연기념물 제30호 용문사 은행나무
◉ 관리자: 양평군 ◉ 경기도 양평군 용문면 신점리 625

인천 부평초등학교 교정 안에는 부평도호부 청사가 있다. 계산동(桂山洞) 은행나무는 그 청사 바로 옆에서 자라고 있다.[23] 이 나무는 수령 600년, 높이 25m의 암나무이다. 이 나무는 1992년 5월 15일 시도기념물 제11호로 지정되었으며, 인천광역시 교육청에서 관리하고 있다.

부평초등학교 교정에는 두 그루의 은행나무가 있는데, 학교 본관 건물에서 남쪽을 바라보았을 때 정면에 보이는 것이 보호수이고, 왼쪽에 부평도호부 청사 옆에 있는 나무가 시도기념물 은행나무이다.

23) 부평도호부는 1982년 3월 2일 인천광역시유형문화재 제2호로 지정되었다. 부평초등학교 교정 모퉁이에 있는 옛 부평도호부 청사 건물이다. 그 창건에 관한 확실한 사실은 알 수 없고, 전하는 바로는 조선 선조(宣祖) 때 중수하였다 한다. 《부평부읍지》에 의하면 부평도호부 내에는 동헌 외에 객사·동서 삼문·근민당(近民堂)·좌우 익랑·사령청·향청·포도청·훈무당·부창 등 여러 채의 건물이 있었다고 한다. 그러나 이곳에 초등학교를 세우면서 대부분의 건물은 헐어버리고 현존 건물만 학교 운동장 한 모퉁이로 이전하였다. 이 건물에서 가장 인상적인 것은 욕은지(浴恩池)라고 불리는 네모꼴 연못이다. 정조는 왕위에 오르자 생부인 장헌세자의 묘를 수원으로 옮겼다. 1789년에는 먼저 김포 장릉을 전배하고 현륭원(사도세자의 원)을 참배하였다. 이때 정조는 부평에 들러 부사를 만났으며, 활을 쏘고 이 곳 욕은지에서 손을 씻었다고 한다.

:: 나무 유래

이 나무는 본래 부평도호부 관청건물의 주변 환경을 아름답게 하기 위한 풍치목으로 심은 것이 자라 성장한 것이다.

:: 나무 상태

원줄기는 지상에서 약 8-9m 정도 높이에서 잘라진 상태로 있고 그 꼭대기 부분은 시멘트로 발라져 더 이상 원줄기가 썩는 것을 방지하고 있다.

정조대왕이 활을 쏜 어사대

:: 욕은지와 어사대

역대 임금 중에 공식적으로 부평을 경유해 간 임금은 조선시대 정조대왕 한 분이다. 1797년(정조 21년)에는 김포에 있는 인헌왕후의 장릉을 참배하고, 부평과 안산을 거쳐 수원에 있는 아버지 사도세자의 묘를 참배하였다. 욕은지는 가로 15m, 세로 13m 규모로 큰 돌로 쌓은 조선시대의 장방형 연못으로 동쪽 축대 가운데에 '욕은지 광서정해(浴恩池 光緖丁亥)'라고 음각된 돌이 끼어져 있다. 연못 안에는 돌산을 쌓아 목초를 심어놓고 돌다리를 연결하여 출입하였다.

임금이 활을 쏜 어사대 표지석 중앙에 '어사대 광서정해(御射臺 光緖丁亥)'라고 음각되어 있어 1887년(고종 24년)에 보수했음을 알 수 있다.

계산동 은행나무. 나무 왼쪽 뒤로 정조대왕이 이용한 욕은지와 어사대가 있다. ● 인천시 계양구 계산동 943번지

장수동(長壽洞) 은행나무는 수령 800년, 높이 30m, 둘레 8.6m의 수나무이다. 여러 개의 가지가 균형을 이루며 뻗어있어 아름다운 수형(樹形)을 이루고 있다. 이 은행나무는 1992년 12월 9일 시도기념물로 지정되었으며, 인천광역시 남동구에서 관리하고 있다.

:: 나무 상태

이 은행나무는 뿌리는 하나인데 지상 부분에서 굵은 줄기가 7-8개로 뻗어 올라와 중간 부분에서부터는 10개 이상의 가지로 다시 갈라져 자라고 있다. 북쪽 줄기 지상 2m 지점에 가로 20cm, 세로 35cm 정도의 타원형 구멍이 있었는데 여기에 시멘트를 발라 더 이상 썩는 것을 막고 있다. 이것 이외에는 상처나 썩은 부위는 없다. 썩은 부분이 많지 않아서 그런지 이 나무는 무척이나 왕성한 수세를 보이고 있다. 나뭇가지가 사방으로 뻗어내려 15개의 지지대가 땅으로 쳐지는 나뭇가지를 지탱하고 있다. 근방에 식당가가 있는 탓이기도 하

지만 마을 주민이나 등산복 차림을 한 사람들이 와서 담소를 나누고 있었다. 잔가지가 많으며 이들 가지가 땅으로 뻗어 내린 것이 특징이다.

:: 전설/제례

마을 사람들은 집안에 액운이나 돌림병이 돌면 이 은행나무 앞에 제물(祭物)을 차려놓고 정성을 들여 액운 제거와 치유를 기원했다고 한다. 또한 1990년 대까지 만해도 해마다 음력 7월과 10월에 제물을 차려놓고 제사를 지내면서 풍년과 마을의 무사태평을 기원하였다.

:: 위치

은행나무는 인천대공원 후문 쪽의 만외골에 있다. 이곳에 오면 외곽순환도로가 지나는데 그 밑에서 좌회전하여 은행나무길로 들어오면 식당골목의 거의 끝부분에 식당 '은행나무집' 간판이 보인다. 장수동 은행나무는 이 식당 주차장 건너편에서 자라고 있다.

장수동 은행나무. 가는 가지들이 수없이 땅을 향해 뻗어 내려 무성한 숲을 연상케 한다.
◉ 인천시 남동구 장수동 63-2번지

인천시 강화군 길상면 전등사 경내에 수령 500-600년 된 은행나무 두 그루가 자라고 있다. 한 그루는 경내 전통찻집 바로 밑에 있고, 다른 한 그루는 다시 그 밑 약간 낮은 곳에 서 있다. 두 그루가 모두 수나무이고, 보호수로 관리되고 있다.

높은 곳의 나무는 수령 500년, 높이 20m, 둘레 4m이고, 낮은 곳의 나무는 수령 600년, 높이 25m, 둘레 5m이다. 두 나무는 2001년 8월 6일 각각 보호수로 지정되었으며, 길상면장이 이들 나무를 관리하고 있다.

전등사에 있는 두 그루의 커다란 은행나무 중 한 나무는 '노승나무', 다른 한 나무는 '동자승나무'라고도 불린다.[24] 조선시대에는 유교를 장려하고 불교를 억제하는 숭유억불 정책을 표방하고 있었다. 철종 임금 때의 일이다.

24) http://www.jeondeungsa.org/sub2/sub3.php/

강화지역의 관리들이 전등사에 찾아와 은행을 스무 가마 바치라고 요구하였다. 전등사 은행나무는 기껏해야 열 가마 정도의 열매를 맺고 있었는데 스무 가마를 바치라고 한 것은 누가 보더라도 과도한 요구였다.

관리들의 요구를 들어주지 않으면 더욱 더 불교를 탄압할 것이 분명했기 때문에 노스님은 하는 수 없이 도력이 높은 백련사의 추송 스님에게 도움을 요청하였다. 며칠 후 추송 스님이 전등사에 나타났다. 그리고 전등사 일대에 '전등사 은행나무에서 은행이 두 배나 더 열리게 하는 기도가 있을 것'이라는 소문이 퍼졌다. 사람들이 구름처럼 모여들어 추송 스님의 3일 기도를 지켜보았다. 그 중에는 관리들도 섞여 있었다. 추송 스님은 여러 사람들이 모인 앞

전등사 은행나무. 사진 중앙의 굵은 나무는 수령 600년, 그 오른쪽 나무는 수령 500년이다.
두 나무 사이에 전통찻집이 보인다. ● 인천시 길상면 온수리 635번지

에서 기도를 마치면서 "이제 두 그루의 나무에서는 더 이상 은행이 열리지 않
을 것이오."라고 말하였다.

바로 그때 때 아닌 먹구름이 전등사를 뒤덮더니 비가 무 섭게 내렸고, 사람들
은 두려움에 떨며 일제히 땅에 엎드렸다. 얼마 후 사람들이 고개를 들었을 때
에는 추송 스님은 물론 노스님과 동자승까지 모두 사라졌다. 사람들은 보살
이 전등사를 구하기 위해 세 명의 스님으로 변해 왔다고 믿게 되었다. 그때부
터 전등사의 은행나무는 열매를 맺지 않았다고 한다.

인천시 강화군 삼산면 석모도에 보문사가 자리하고 있는데, 사찰 경내에는 기념물 혹은 보호수로 지정된 나무가 두 그루 있다. 하나는 석굴 앞의 향나무이고 다른 하나는 그것보다 약간 낮은 곳에 위치한 은행나무이다. 이 은행나무는 수령 400년, 높이 30m의 암나무이다. 이 나무는 2000년 11월 27일 보호수로 지정되었으며, 삼산면장이 관리하고 있다.

:: 나무 상태

은행나무는 굵은 줄기나 가지들이 다수 절단되어 있어서 단촐하다는 느낌과 왠지 허전하다는 느낌을 동시에 받게 된다. 전지전정을 많이 해서 그런지 은행잎은 많지 않았고, 나무 밑에서 위로 올려 보면 나뭇가지 사이로 사찰 건물들이 보인다.

신라시대 선덕여왕 4년(635)에 회정대사가 금강산에서 수행하다가 이곳에 와서 절을 창건하였는데, 관세음보살이 상주한다는 산의 이름을 따서 산의 이름을 낙가산이라고 하였고, 중생을 구제하는 관세음보살의 원력이 광대무변함을 상징하여 절의 이름을 보문사라고 하였다. 대웅보전에서 뒷산 위쪽의 마애불까지는 가파른 계단이 있었는데 그 계단의 수는 419개이다.

:: 보문사 창건 전설

신라 선덕여왕 4년에 한 어부가 바다에 그물을 던졌는데, 사람 모양의 돌덩이 22개가 한꺼번에 그물에 걸렸다. 고기를 잡지 못해 실망한 어부는 돌덩이를 바다에 버렸다. 다시 그물을 쳤는데 또 그 돌덩이들이 걸리게 되자, 어부는 다시 그 돌덩이를 바다에 버렸다. 돌이 두 번이나 그물에 걸리게 되자 그만 집으로 돌아갔다. 그날 밤 어부의 꿈에 한 노승이 나타나서, 낮에 그물에 걸렸던 돌덩이는 천축국에서 보내온 귀중한 불상인데, 바다에 두 번이나 버렸다고 질책하고, 내일 다시 그곳에서 불상을 건져서 명산에 봉안해 줄 것을 당부하였다. 다음날, 불상을 건져 올린 어

부는 꿈속에서 노승이 당부한 대로 낙가산으로 불상을 옮겼는데, 현재의 보문사 석굴 앞에 이르렀을 때, 갑자기 불상이 무거워져서 더 이상 옮길 수 없었다. 그리하여, 석굴이 불상을 안치할 신령스러운 장소라고 생각하고, 굴 안에 단을 만들어 모시게 되었다.[25]

25) http://www.bomunsa.net/about/index.html/

:: 위치

석모도는 강화읍 외포 선착장에서 배를 타고 들어가는데 눈앞에 보이는 가까운 거리라서 약 5분이면 석모도 석포리 선착장에 도착한다. 배가 수시로 운항하기 때문에 다녀오는 데 큰 불편은 없다.

보문사 은행나무. 나무 오른쪽에는 약수, 나무 뒤쪽으로는 사찰 건물들이 보인다.
◉ 인천시 삼산면 매음리 629번지 낙가산 기슭

인천시 남동구 남촌동 성당 경내에는 오래된 은행나무가 한 그루 서 있다. 이 나무는 수령 600년, 높이 31m의 암나무이다. 1999년 5월 11일 보호수로 지정되었으며, 남촌도림동장이 관리하고 있다. 이 은행나무는 성당을 지키는 수문장 역할을 하는 듯하다.

:: 제례

남촌동의 은행나무(당 할아버지라고 불림)와 도림동 당나무 앞에서는 같은 날 시차(時差)를 두고 고사를 지낸다.

남동구 도림동에서 지내는 고사는 이 마을의 신성하다는 당나무(당 할머니라고 불림, 수령 450년으로 추정)에 약 350년 전부터 마을사람들이 마을의 평안과 풍요를 기원하기 위한 것이다.[26]

남동구 도림동 지역문화 보존위원회는 2008년 8월 1일 주민들의 안녕과 풍년을 기원하는 도림동 당제 행사를 개최했다.[27]

당제 절차는 다음과 같다. 신위봉안(제수 진설 및 지방 등 당제 준비), 분향삼배(제주가 향을 피우고 3번 절함), 강신삼배(제주가 술잔에 술을 따르고 모사 그릇에 3번 나누어 붓고 3번 절함), 참신(제주와 모든 참석자가 함께 3번 절함), 초헌(제주가 첫 술잔을 올림), 독축(축관이 축문을 읽은 후 모두 일어나 2번 절함), 아헌(2번째 술 올리고 3번 절함), 종헌(3번째 술 올리고 3번 절함), 헌작(손님이 술을 올리는 것), 사신(참석자 모두 3번 절함), 그리고 철상(상을 내리고 음복)을 끝으로 동제는 종료된다.

26) 〈시민일보〉 2008년 7월 30일자(http://www.siminilbo.co.kr/news/).

27) 당나무 주소는 남동구 도림동 409번지이다.

남촌동 은행나무. 성당 건물과 은행나무가 조화를 이루고 있다.
◉ 인천시 남동구 남촌동 558번지

인천시 계양구 계산동 소재 부평초등학교 내에 있는 은행나무는 수령 600년, 높이 20m의 수나무이다. 이 나무는 1982년 9월 29일 보호수로 지정되었으며, 부평초등학교장이 관리하고 있다.

초등학교 본관 건물에서 남쪽을 향해 서서 볼 때 정면에 보이는 것이 보호수이다. 이 나무는 지상 2-3m 지점에서 두 갈래로 갈리졌는데 갈라진 곳이 썩어서 시멘트로 수술을 한 흔적이 있다. 그 부분을 제외하고는 다른 곳에 썩은 부분은 보이지 않는다. 나무의 남쪽에 학교별관건물이 거의 붙어 있기 때문에 가지가 건물에 닿지 않도록 가지치기를 하였다.

부평도호부 은행나무. 줄기가 낮은 부분에서부터 두 갈래로 나뉜 것이 특징이다.
나무 왼쪽에 시도기념물 은행나무가 보인다.
● 인천시 계양구 계산동 943번지

왕곡동 은행나무는 수령 570년, 높이 29m의 암나무이다. 1982년 보호수로 지정되었으며, 김호섭 (주) 한일에프에이 사장이 관리하고 있다.

:: 나무 유래

왕곡동 은행나무는 조선 중엽 중종반정(中宗反正)이 있던 다음해 정주목사(定洲牧使)를 역임한 김우회(金友會)가 심은 나무이다.[28] 그는 반정에 가담한 공으로 이 나무를 중심으로 사방 10리를 사패지(賜牌地)로 하사받았다고 한다.

28) 중종반정이란 1506년(연산군 12년) 성희안·박원종 등이 연산군을 폐하고 진성대군(晉城大君: 中宗)을 왕으로 추대한 사건이다. 이조참판(吏曹參判)을 지낸 성희안과 중추부지사(中樞府知事) 박원종은 재위 12년간 화옥(禍獄)과 황음(荒淫) 등 폭정으로 국가의 기틀을 흔들어 놓은 연산군을 폐하기로 밀약하고 당시에 인망이 높던 이조판서 유순정, 연산군의 총애를 받고 있던 군자부정(軍資副正) 신윤무 등의 호응을 얻어 왕이 장단(長湍) 석벽(石壁)에 유람하는 날을 기하여 거사하기로 계획을 꾸몄다. 1506년 9월 1일, 박원종·성희안·신윤무를 비롯해서 전 수원부사(前水原府使) 장정, 군기시첨정(軍器寺僉正) 박영문, 사복시첨정(司僕寺僉正) 홍경주 등이 무사를 규합하여 훈련원에 모았다. 그들은 먼저 권신(權臣) 임사홍·신수근과 그 아우 신수영 및 임사영 등 연산군의 측근을 죽인 다음 궁궐을 에워싸고 옥에 갇혀 있던 자들을 풀어 종군하게 하였다. 이튿날인 9월 2일 박원종 등은 군사를 몰아 텅 빈 경복궁에 들어가서 대비(大妃: 成宗의 繼妃)의 윤허를 받아 연산군을 폐하고, 진성대군을 맞아 왕으로 옹립하니 그가 조선왕조 제11대 왕인 중종이다.

비바람에 큰 나무가 부러질 때마다 청풍 김씨 문중에서 정승이 배출되어 6정승이 나오는 가문을 이루었다고 한다. 또한 마을 주민들이 전하는 바에 따르면 가을에 잎이 떨어질 때 한꺼번에 떨어지면 풍년이 들고 시름시름 떨어지면 흉년이 든다고 한다.

은행나무에서 조금 떨어진 곳에 청풍 김씨의 재실(齋室)이 위치하고 있는 것으로 보아 이 부근이 청풍 김씨의 집성촌이었음을 알 수 있다.

:: 나무 특징

의왕시 왕곡동 왕림로에 있는 이 은행나무는 (주)한일에프에이 경내에 있으

며 같은 경내에 역시 보호수로 지정된 회화나무가 나란히 서 있어, 정문으로 들어오는 사람들을 반긴다. 회화나무는 수령이 500년 정도로 추정되고 있다. 이 회사 경비실을 지키고 있던 직원의 말에 의하면 사람들이 가끔 찾아오는 데 회화나무를 찾아오는 사람은 주로 그림을 그리고, 은행나무를 찾아오는 사람들은 주로 사진을 찍는다고 한다. 그 직원이 재미있는 것을 보여주겠다 며 가리킨 곳을 보니 은행나무 가지 위에 향나무로 보이는 작은 줄기가 자라 고 있었다. 주변에서 날아온 나무씨앗이 높은 가지에 뿌리를 내려 자라고 있 는데 세심히 보기 전에는 찾기 어렵다.

왕곡동 은행나무. 사진 왼쪽이 보호수 은행나무이고, 오른쪽은 보호수 회화나무이다.
● 경기도 의왕시 왕곡동 184–1번지

수종사 경내에는 두 그루의 은행나무가 자라고 있다. 대웅전 옆에 진리의 세계로 들어가는 문인 불이문이 있는데 그 옆에는 수령 500년, 높이 30m의 은행나무 한 그루가 서 있고, 거기서 10m 정도 떨어진 해우소(解憂所, 화장실) 옆에 수령 500년, 높이 30m의 다른 한 그루가 서 있다. 전망 좋은 운길산 기슭에 서서 강과 먼 산을 내려다보고 있는 이 나무들은 모두 암나무이다.

:: 나무 유래

수종사에 있는 두 그루의 은행나무는 조선시대 세조대왕이 수종사를 창건한 후 그 기념으로 식수한 나무이다. 세조는 1458년 이곳에 은행나무 두 그루를 심고 다음해인 1459년에 수종사 탑을 건립하였다.

:: 사찰 유래

운길산 기슭에 있는 수종사는 대한불교조계종 제25 교구 본사인 봉선사(奉先寺)의 말사이다.

수종사 경내 은행나무 앞에 세워진 '수종사 사적기'에는 다음과 같은 내용이 적혀 있다. 북한강과 남한강이 만나는 이곳 운길산 수종사는 신라시대부터 내려오는 가람이다. 고려 태조 왕건이 상서로운 기운을 좇아 이곳에 이르러 구리종을 얻음으로써 부처의 혜광을 통해 고려를 건국했다는 전설이 전해진다.

1458년(세조 4년) 세조가 두물머리(양수리)에서 머물다 새벽에 들려오는 종소리를 따라 올라와 보니 그 종소리는 다름 아닌 바위굴 속에서 물이 떨어지는 소리였다. 세조는 굴 속에서 18나한을 발견하고, 5층 돌계단을 쌓았으며, 팔도방백에 중창을 명하였다.

이 사찰은 굴 속에서 물방울 떨어지는 소리가 마치 종소리처럼 울려나왔으므로 물종이 있는 절, 즉 수종사(水鐘寺)라는 이름을 얻게 되었다.

그 후 조선시대 후기에 고종이 중수하여 현재에 이르고 있다. 중요문화재로 보물 제259호인 수종사 부도내유물(浮屠內遺物)이 있는데, 석조부도탑(石造浮屠塔)에서 발견된 청자유개호(靑瓷有蓋壺)와, 그 안에 있던 금동제9층탑(金銅製九層塔) 및 은제도금6각감(銀製鍍金六角龕) 등이 그것이다.

:: 전설

은행나무는 암수가 서로 마주 보고 있어야 하는데, 이 은행나무는 용문산의
용문사 은행나무와 마주보고 있기에 오랜 세월 장수하고 있다고 한다.

수종사 은행나무. 전망 좋은 언덕에서 한강과 먼 곳 용문산을 바라보고 있다. ● 경기도 남양주시 조안면 송촌리 1060번지

**부천 소사동
은행나무**

보호수
인천·경기 – 11

부천시 소사동 세종병원 앞의 은행나무는 수령 1,000년, 높이 30m의 암나무이다. 이 은행나무는 1982년 10월에 보호수로 지정되었다. 이 나무는 폭이 넓으며 굵은 가지가 수목의 형태를 이루고 있다. 세종병원 정문 앞에 서 있으며, 나무 바로 뒤에는 배동교회가 자리하고 있다.

:: 나무 유래

이 은행나무에서 처음으로 싹이 나온 것은 982년(고려시대 성종 때)이라고 한다. 누가 심은 것인지, 자생한 것인지는 분명하지 않다.

:: 나무 상태

나무의 많은 부분이 썩어 외과수술을 받은 흔적이 역력하다. 주요 가지들은 중간부분에서 절단되어 있다. 썩거나 죽어가는 부분을 정리한 것으로 보인다. 사진을 찍고 있는데 동네 주민으로 보이는 한 아주머니가 지나가면서 "다 죽어가는 나무 찍어

서 무엇 하느냐"며 한 마디 한다. 나무상태가 좋지 않아서 각별한 관심과 보
호가 요망되는 나무이다.

:: 제례

마을 주민들이 2년에 한 번씩 은행나무 앞에서 제사를 지냈다고 한다. 요즘
에도 제사를 지내는지는 확인되지 않았다.

:: 전설

오래 전에 뿌리가 노출되어 복토를 하였더니 화(禍)가 있어 흙을 다시 파냈더
니 화가 물러갔다고 하는데, 나무 앞 안내판에도 노출된 뿌리에
복토를 하면 마을에 질병과 화가 미친다는 내용이 적혀 있다.

크게 쇠약해진 소사동 은행나무. 큰줄기와 가지가 절단되어 있다. ◉ 경기도 부천시 소사본2동 100−1번지

22 성남 은행동 은행나무

보호수
인천 · 경기 – 12

성남시 은행동의 지명은 은행정(銀杏亭)에서 유래한다. 은행시장 뒤편에 큰 은행나무가 있는데 여름이면 시원한 그늘이 정자역할을 하기 때문에 동네 주민들은 이 나무를 은행정이라고 불러왔다.

이 은행나무는 수령 350년, 높이 25m, 둘레 6m의 암나무이다. 이 나무는 원래 개인 소유였지만, 최종 소유자의 가족이 한국전쟁 때 모두 사망했기 때문에 현재 성남시에서 소유, 관리하고 있다. 나무가 서 있는 지반은 원래는 비탈면이었으나, 성토하여 안정되게 지반을 조성하였다고 한다.

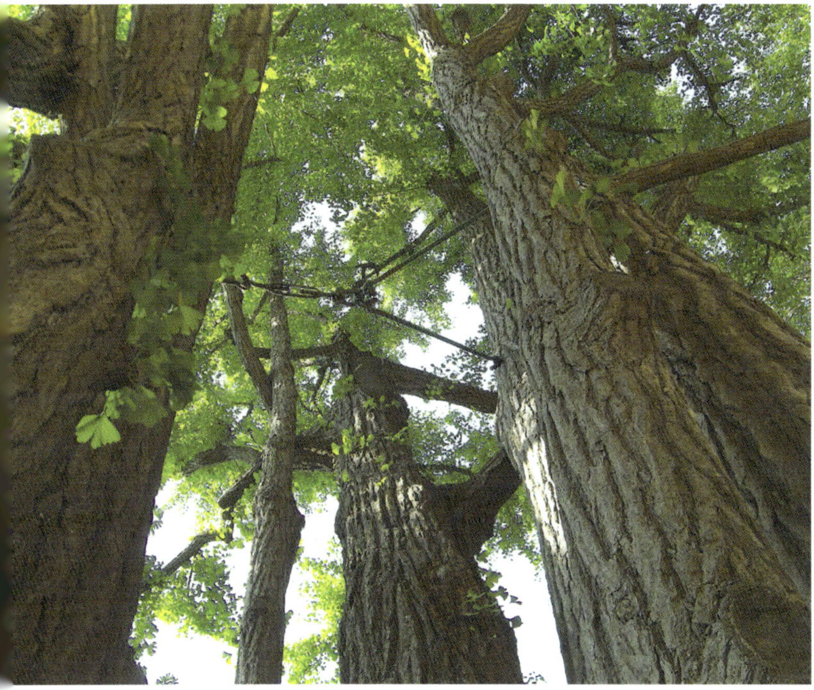

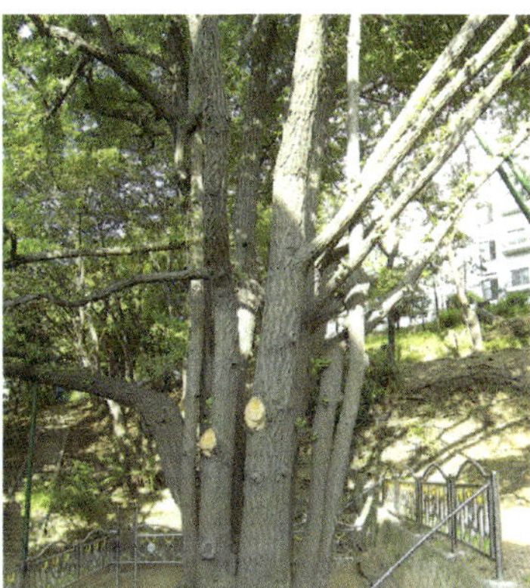

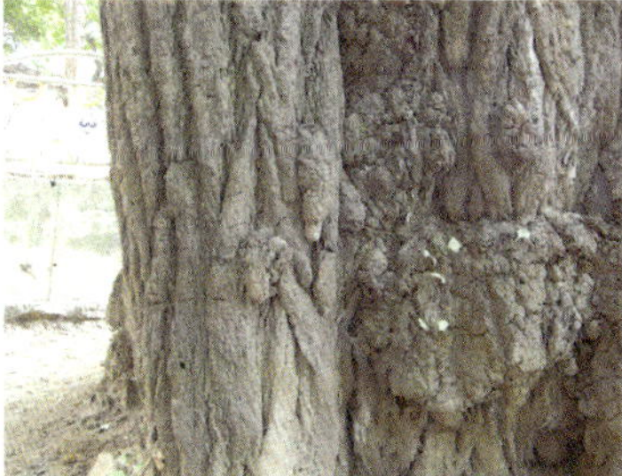

은행2동 주민센터 뒤편 언덕에서 자라고 있는 은행동 은행나무 ● 경기도 성남시 중원구 은행2동 1032번지

:: 마을 명칭 유래

은행동 주공아파트 단지의 끝자락에 서있는 이 은행나무는 크고 높은 수관으로 마을 어디서나 한눈에 잘 보이고 멀리서 이곳을 찾는 사람도 이 나무를 보고 찾아와 마을이름까지 '은행동'이라고 짓게 되었다.

:: 나무 상태

지표면으로부터 6개의 갈래로 갈라져 올라가는 줄기 중 옆으로 뻗은 가지가 인접 줄기의 주간을 파고 들어가는 형태로 자라고 있다. 수형은 가지와 잎이 사방으로 고루 퍼진 우산형이며 지지대가 받쳐지고 군데군데 외과수술을 받은 흔적이 있다. 수세는 양호한 편이다.

:: 은행나무 축제

성남시 중원구 은행골에서는 매년 4월 '은행골 한마음 축제'가 은행2동 주민센터 뒤 은행나무 앞에서 개최된다. 축제는 은행나무 밑에서 행목제를 시작으로 우물터 복원 기념행사, 전통혼례식 재현 등의 문화행사가 진행된다. 나무아래에서의 제례를 마친 후 농가대가 풍악을 울리며 마을곳곳을 누비면서 지신밟기를 한다.

서오릉은 조선시대 왕실의 무덤군이다. 서오릉의 은행나무는 두 그루인데, 서오릉 주차장 한 가운데 두 그루가 나란히 서 있다. 큰나무는 수령 400년, 높이 15m의 수나무이고, 작은 나무는 수령 400년, 높이 12m의 암나무이다.

:: 나무 유래

서오릉 은행나무는 400여 년 전인 조선시대 숙종 때 이곳에 재실을 건축하면서 심은 것이라고 한다. 숙종이 다녀갔을 때 두 그루의 은행나무를 심었다고 하는데 바로 이 두 그루인 것으로 추정되고 있다. 재실이란 제사를 지내거나 이를 준비하는 곳이며, 또는 제사를 주관하는 사람이 사는 곳을 말한다.

:: 나무 상태

작은 나무는 지상 1m 부근에서 외과수술을 했으나 훼손되어 있었다. 훼손된 곳을 들여다보니 시멘트, 스펀지, 스티로폼 등의 재료가 사용된 것을 알 수 있다. 나무는 곧게 뻗어있으나 수분 섭취가 어려운 탓인지 수세를 왕성하게 펼치지 못하고 있다.

:: 서오릉

서오릉은 경기도 고양시 용두동(龍頭洞)에 있으며 1970년 5월 26일 사적 제198호로 지정되었다. 서오릉은 풍수적인 길지(吉地)에 왕실의 족분(族墳)을 이룬 것인데, 경릉(敬陵)·창릉(昌陵)·익릉(翼陵)·명릉(明陵)·홍릉(弘陵)의 5능을 일컫는다.[29]

서오릉은 '서쪽에 다섯 개의 능이 있다'하여 붙어진 이름이다.

29) 경릉은 세조(世祖)의 세자 장(璋:德宗)과 그 비(妃) 소혜왕후 한씨(昭惠王后 韓氏)의 능이다. 창릉은 덕종의 아우인 예종(睿宗)과 그 계비(繼妃) 안순왕후 한씨(安順王后 韓氏)의 능이다. 익릉은 숙종 왕비(肅宗王妃) 인경왕후 김씨(仁敬王后 金氏)의 능이다. 명릉은 숙종과 계비(繼妃) 인현왕후 민씨(仁顯王后 閔氏)와 제2계비 인원왕후 김씨(仁元王后 金氏)의 능이고 홍릉은 영조 원비(英祖元妃) 정성왕후 서씨(貞聖王后 徐氏)의 능이다.

주차장 한가운데 서 있는 두 그루의 서오릉 은행나무 ● 경기도 고양시 덕양구 용두동 475-95

화성 요당리 은행나무

보호수
인천·경기 – 14

명봉산(鳴鳳山) 자락 아래에 있는 화성 요당리는 약 400여 년 전 전주 류씨가 정착하면서 생겨난 양반마을이다. 조선시대 말기까지는 호수가 마을중심에 위치해 있어 이 호수 주위에 갈대가 많이 있다 하여 갈대 요(蓼)에 못 당(塘)을 써서 '요당(蓼塘)'이라는 이름을 갖게 되었다. 요당리 은행나무는 수령 400년, 높이 20m의 수나무이다. 요당리는 '은행나무 마을'이라고도 불린다.

:: 나무 유래

전주 류씨(全州 柳氏)가 이 마을에 정착하면서 심은 은행나무 중 한 그루가 잘 성장하여 마을의 중심이 되는 곳에 우뚝 서서 마을을 지키고 있다.

:: 은행나무 축제

마을의 상징이 된 이 은행나무 아래에서 매년 마을 사람들과 다른 지역 사람들이 함께 하나가 되는 축제가 열리고 있다. 은행나무는 여름에는 무엇보다도 시원한 그늘 쉼터를 만들어주며, 가을에는 정취 있는 은행나무 단풍쉼터를 만들어주는 이 마을의 자랑거리이다.

마을 한 가운데 서서 중심을 잡고 있는 요당리 은행나무.
나무 부근에 작은 연못 '요당못'이 있다.
● 경기도 화성시 양감면 요당1리

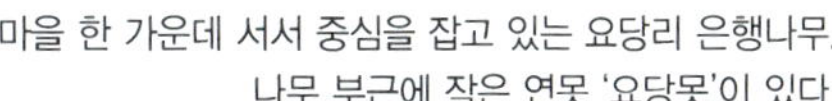

신륵사 대웅전에서 남한강을 내려다보는 극락보전 앞에 구룡루가 있고 그 앞 좌우에 보호수 은행나무, 소나무, 느티나무 등 몇 그루의 나무가 자라고 있다. 은행나무 앞에는 자그마한 조포나루터가 맞은편의 황포나루터와 함께 이름을 올리고 있다. 신륵사 은행나무는 수령 600년, 높이 22m, 둘레 3.1m의 수나무이다.

:: 나무 유래

이 은행나무는 나옹선사가 땅에 꽂은 지팡이에서 새싹이 돋아나 자란 것이
라고 한다. 나옹선사는 고려시대 말기의 고승이며, 신륵사에서 머물다가 입
적한 스님이다.

:: 사찰 연혁

신륵사는 경기도 여주군 여주읍 천송리 봉미산(鳳尾山)에 있는 사찰로서, 대

다층전탑

한불교 조계종 제2교구 용주사의 말사이다. 조선시대의 사찰인 신륵사는 원래는 신라시대에 지었다고 하나 정확한 기록은 남아 있지 않다. 일설에는 신라시대 진평왕(眞平王) 때 원효대사가 신륵사를 창건하였다고도 한다.

:: 사찰 호칭 유래

신륵사로 부르게 된 유래에 관해서는 두 가지 설이 전해지고 있다. 하나는, 미륵이 신기한 굴레로 용마(龍馬)를 막았다는 설이고, 다른 하나는, 고려시대 고종 때 건너 마을에서 용마가 나타나, 걷잡을 수 없이 사나우므로 사람들이 붙잡을 수가 없었는데, 이때 인당대사(印塘大師)가 나서서 고삐를 잡자 말이 순해졌으므로, 신력(神力)으로 말을 제압하였다 하여 절 이름을 신륵사(神勒寺)라고 했다는 설이다.

남한강 흐르는 물을 무심히 내려다보는 신륵사 은행나무 ● 경기도 여주군 여주읍 천송리 282번지

궐리사는 사찰이 아닌 공자의 영정을 모시는 사당이다. 공자의 64대손인 공서린(孔瑞麟)이 조광조를 둘러싸고 벌어진 1519년의 기묘사화에 연루되자 낙향하여 후학을 양성하기 위해 서재를 지었는데 이것이 궐리사이다. 오산 궐리사는 논산에 있는 노성궐리사와 함께 한국의 2대 궐리사로 손꼽히고 있으며, 조선시대 후기 사당 형식을 알 수 있는 귀중한 문화재이다.

궐리사에 있는 은행나무는 수령 480년, 높이 17m의 수나무이며, 1982년 10월 15일에 보호수로 지정되었다. 궐리사의 위치가 언덕 높은 곳이다 보니 이 은행나무도 높은 곳에서 마을을 내려다보고 있으며, 마치 마을에서 일어나는 모든 일을 알아야겠다는 듯이, 또 마을의 평안을 지키겠다는 듯이 당당하게 서 있다.

:: 나무 유래

낙향한 공서린은 이곳에 서재를 세운 뒤, 근처에서 자라는 은행나무를 선별하여 자신의 서재 앞에 옮겨 심었다.[30] 그는 은행나무 가지에 북을 매달고, 어린 학생들을 불러 모으거나 면학을 독려하는 수단으로 북을 사용하였다.

공서린이 1541년에 세상을 떠나자 서재는 폐허로 변했고, 은행나무도 말라 죽었다. 그런데 그로부터 200여 년이 훨씬 지난 1792년(정조 16년) 봄에 많은 새들이 은행나무 곁으로 모여 들었고, 이를 괴이하게 여긴 정조 임금이 가까이 가서 보니 죽은 은행나무에서 새싹이 돋고 있었다고 한다. 죽은 은행나무 자리에서 새로운 은행나무 한 그루가 자라나 지금의 은행나무가 되었다.[31]

30) 공서린은 조선사대의 문인(1483–1541)으로 기묘사화 때 투옥되었으며, 그 후 기묘사화 때 화를 입은 선비들의 무죄를 주장하다가 여러 번 관직을 박탈당하였다. 대사헌, 황해도 관찰사 등을 지냈다.

31) 고규홍, '주말이 기다려지는 행복한 나무여행' (서울: 터치아트, 2007), 46쪽.

나무 상태는 좋은 편이며 썩은 부위는 거의 보이지 않았다. 언덕 위에 위치한 데다가 수세도 좋아서 마을의 수문장처럼 보인다.

공자의 석고상

:: 사당 연혁

오산 궐리사는 1792년(조선시대 정조 16년)에 착공하여 그 이듬해인 1793년에 완성하였다. 공서린이 서재를 세워 후학을 가르치던 곳으로 정조가 사당을 지어 공자의 영정을 모시게 하였다. 정조는 궐리사라는 현판을 친히 썼을 정도로 이 사당에 관심을 보였다.

공자의 영정과 공자석고상이 있는 궐리사에서 자라고 있는 은행나무 ● 경기도 오산시 궐1동 147번지

1871년 흥선대원군의 서원철폐령으로 없어졌다가 1900년에 다시 세우고, 1981년에는 강당을 세웠다. 1993년에는 중국 산동성으로부터 공자의 석고상을 기증 받았다.

경내에 건립된 학당 양현재(養賢齋)는 공자의 가르침을 이어가기 위한 교육이 이루어지는 공간이다. 방학 때에는 인성교육, 다도교실, 서예교실, 예절교육 등을 행하고 있다.

:: 사당 명칭 유래

1792년에 이곳을 공자가 살던 중국 노나라의 마을 이름을 따라 '궐리'로 변경하고 사당을 세운 후 '궐리사'라고 하였다.

27 이천 영원사 은행나무

보호수
인천 · 경기 – 17

이천 백사면 원적산(圓寂山) 영원사(靈源寺) 경내에는 커다란 은행나무가 한 그루 자라고 있다. 이 나무는 수령 940년, 높이 25m의 암나무이다.

:: 사찰 유래

영원사는 638년(신라 선덕여왕 7년)에 해호선사(海浩禪師)가 창건한 1,300년 된 사찰이다. 지금의 건축물은 조선시대 순조 때 영안부원군이었던 김조순(金祖純)이 건립했으며, 창건 후 400여 년이 지난 1068년 혜거국사가 불타버린 영원암을 중창했다고 한다. 일제 강점기까지는 영원암이라고 불렸다. 경내에는 연대가 오래된 석조 약사여래좌상(藥師如來座像)이 남아 있다.[32]

사찰 경내에 있는 이 은행나무는 고려시대 문종왕 때 혜거국사(惠炬國師)가
영원사를 중창한 기념으로 심었다고 전해진다.

사찰 주변 자연경관과 조경이 아름다운 영원사의 은행나무 ◉ 경기도 이천군 백사면 송말리 436번지

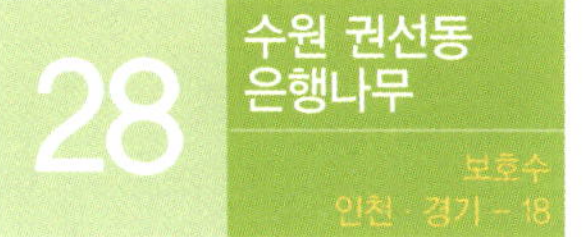

권선동 종합상가 부근에 수원중앙교회가 있다. 권선동 은행나무는 이 교회 건물 앞에서 자라고 있다. 은행나무가 서 있는 길의 이름은 은행나무길이라는 뜻의 '압갑수길'이다.

권선동 은행나무는 수령 400년, 높이 15m, 가슴높이 둘레 4.4m의 암나무이다. 1982년 10월 15일 보호수로 지정되었다.

:: 마을 유래

고려시대 말기 한림학사 이고(李皐)가 벼슬을 내놓고 이곳에 살면서 후진을 위하여 어질고 선함을 가르쳤다고 하여 이곳 마을 이름을 권선리(勸善里)라

고 하였다. 이고는 평소에 효성이 지극하였으며, 사람들에게 항상 가르침을 주기를 '자기와 이웃에 항상 착하게 살아라'라고 일러왔다. 인근 사람들이 그의 높은 인품과 가르침에 따라 착하게 살게 되었다고 한다.

:: 나무 유래

이 은행나무는 고려시대 때 한림학사였던 이고가 자기 집터에 심은 나무가 성장한 것이다. 권선 종합상가 동북쪽인 권선동 노인 회관 앞마당에 있다. 이 은행나무는 권선징악의 높은 뜻을 기리고 있다.

굵은 줄기 몇 가지로 힘 있게 뻗어 올라 간 권선동 은행나무 ● 경기도 수원시 권선구 권선동 533–4번지
(권선동 노인 회관 앞마당)

:: 이학사 집터

이고의 집터를 이학사(李學士) 집터라고 부른다. 이학사는 벼슬을 내놓고 이 곳에 살면서 세상의 모든 일을 잊어버린다는 뜻으로 호를 망천(忘川)이라 하였다. 조선의 태조가 여러 번 이고를 불렀으나 끝내 나아가지 않았다. 그 후 세종대왕은 이고의 뜻을 가상이 여겨 돌비석을 내려 '고려 효자 한림학사 이고지비(高麗孝子翰林學士李皐之碑)'라 하여 크게 찬양하였다.

그 후 금대영이란 사람의 부친이 이곳에서 살았는데 그분의 지식이 높아 금주사라고 불렀다. 주사란 벼슬의 이름이기도 하지만 동네에서 어른 대접을 받은 지식이 많은 사람의 호칭이었다. 금주사는 이곳에 서당을 건립하여 교육에 힘썼다고 한다.

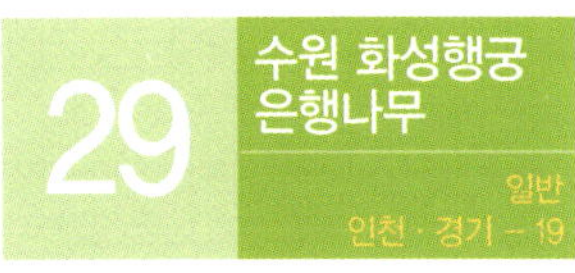

화성행궁에는 4그루의 은행나무가 자라고 있다. 두 그루는 행궁 안에, 나머지 두 그루는 과거 행궁터였던 신풍초등학교 교정에서 자라고 있다. 경계는 나뉘어져 있지만 4그루는 모두 반경 100m 이내의 가까운 거리에 위치하고 있다.

:: 나무 유래/특징

이 나무들은 행궁이 건축되는 시기를 고려할 때 수령 200년으로 추정되며 나무 높이는 나무마다 다르지만 대략 13m-25m 정도이다. 이중 한 그루는 정조의 어진(초상화)을 봉안하고 있는 화령전(華寧殿)의 정전(正殿)인 운한각(雲漢閣) 마당 보서리에서 자라고 있다.[33] 이 나무를 자세히 보니 주요 줄기가 잘려진 상태에 있었고, 약간 비스듬하게 자라고 있으나 가지와 줄기가 하늘을 향해 뻗어 올라간 것을 볼 수 있고, 나무고드름이 있으며, 지상 2m 부분에 소나무, 까마중, 그리고 이름 모를 풀이 뿌리를 내리고 자라고 있는 것이 보였다.

33) '운한각'의 명칭은 은 임금이 가뭄을 걱정하여 하늘에 기우제를 올릴 때 불렀다는 '시경'의 시구에서 따온 것이다. 이 건물은 1801년에 건축된 조선시대 후기의 대표적인 건물이다.

정조대왕의 지극한 효성을 지켜 본 화성행궁 은행나무 ● 경기도 수원시 팔달구 행궁길 185

다른 한 그루는 풍화당 건물 뒤쪽에서 자라고 있었는데 나무 높이는 20m 정도 되었으며, 하늘을 향해 곧게 자라고 있었으며 수형이 아름다웠다.

:: 화성행궁

조선시대 정조대왕(1752-1800)은 아버지 사도세자의 묘소를 현륭원으로 이장하면서 수원 신도시를 건설하고 성곽을 축조했으며 1790년에서 1795년(정조 14-19년)에 이르기까지 서울에서 수원에 이르는 중요 경유지에 과천

행궁, 안양행궁, 사근참행궁, 시흥행궁, 안산행궁, 화성행궁 등을 설치하였다. 그 중에서도 화성행궁은 규모나 기능면에서 단연 으뜸으로 뽑히는 대표적인 행궁이다.

화성행궁은 평상시에는 화성부 유수(留守)가 집무하는 내아(內衙)로도 활용하였다.

정조는 1789년 10월에 이루어진 현륭원 천봉 이후 이듬해 2월부터 1800년(정조 24년) 1월까지 11년간 12차에 걸친 능행(陵幸)을 거행하였다. 이때마다 정조는 화성행궁에 머물면서 여러 가지 행사를 주관하였다.

정조가 승하한 뒤 순조(純祖)는 1801년 행궁 옆에 화령전(華寧殿)을 건립하여 정조의 진영(眞影)을 봉안하였으며, 그 뒤 순조, 헌종, 고종 등 역대 왕들이 수원 행차 때마다 이곳에서 머물렀다.

화성행궁은 성곽과 더불어 단순한 건축 조형물이 아니라, 개혁적인 계몽군주 정조가 지향하던 왕권강화정책의 상징물로서 정치적·군사적인 큰 의미를 지니고 있다.

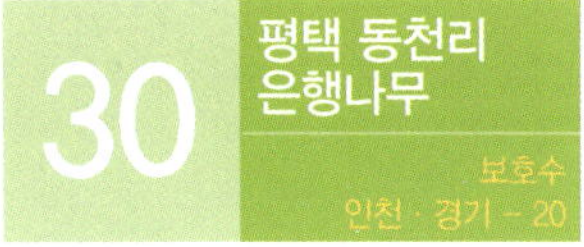

평택시 진위면 동천리 뒷산(무봉산 자락)에는 은행나무가 한 그루 자라고 있다. 이 나무는 수령 730년, 높이 16m, 가슴높이 둘레 5.8m의 수나무이다.

:: 나무 상태

언덕 위에 서서 마을을 내려다보고 있는 이 은행나무는 오래 전에는 나무속이 텅 비어 있었다. 지금은 외과수술을 하여 더 이상의 부식을 막고 있다.

:: 나무 유래

이 은행나무의 유래는 두 가지가 있다. 첫째는 고려시대 충렬왕 때인 1270년에 심었다는 설이고, 둘째는 시기 불명의 오랜 옛날 이곳에 살던 장씨 성

을 가진 사람이 심었다는 설이다. 장씨 성을 가진 사람과 관련해서는 다음의 전설이 전해진다.

:: 전설

오랜 옛날, 이 마을에는 많은 재산을 가진 장(張)씨 성을 가진 부자가 살았다. 장씨는 슬하에 두 아들을 두었는데, 착하고 슬기로운 아들도 있었고 욕심 많은 아들도 있었다. 욕심이 많은 아들은 함부로 재산을 탕진하였고 아버지의 나머지 재산도 가로챌 기회를 노렸다. 장씨는 착한 아들의 뒷날이 걱정되었다. 며칠을 고민하던 장씨는 마을 뒷동산에 은행나무를 심으면서 몰래 금은보화를 함께 묻어 착한 아들에게 남겨주기로 하였다. 그런데 밤중에 몰래 은행나무를 심는 것을 욕심 많은 아들이 엿보았다.

며칠 뒤 아버지가 외출하자 욕심 많은 아들이 은행나무 밑을 파 내려갔는데 그때 하늘에서 갑자기 벼락이 떨어져 그를 덮쳤다. 다행히 생명을 건진 그 아들은 그 후에는 욕심을 버리고 착하게 살았다고 한다.

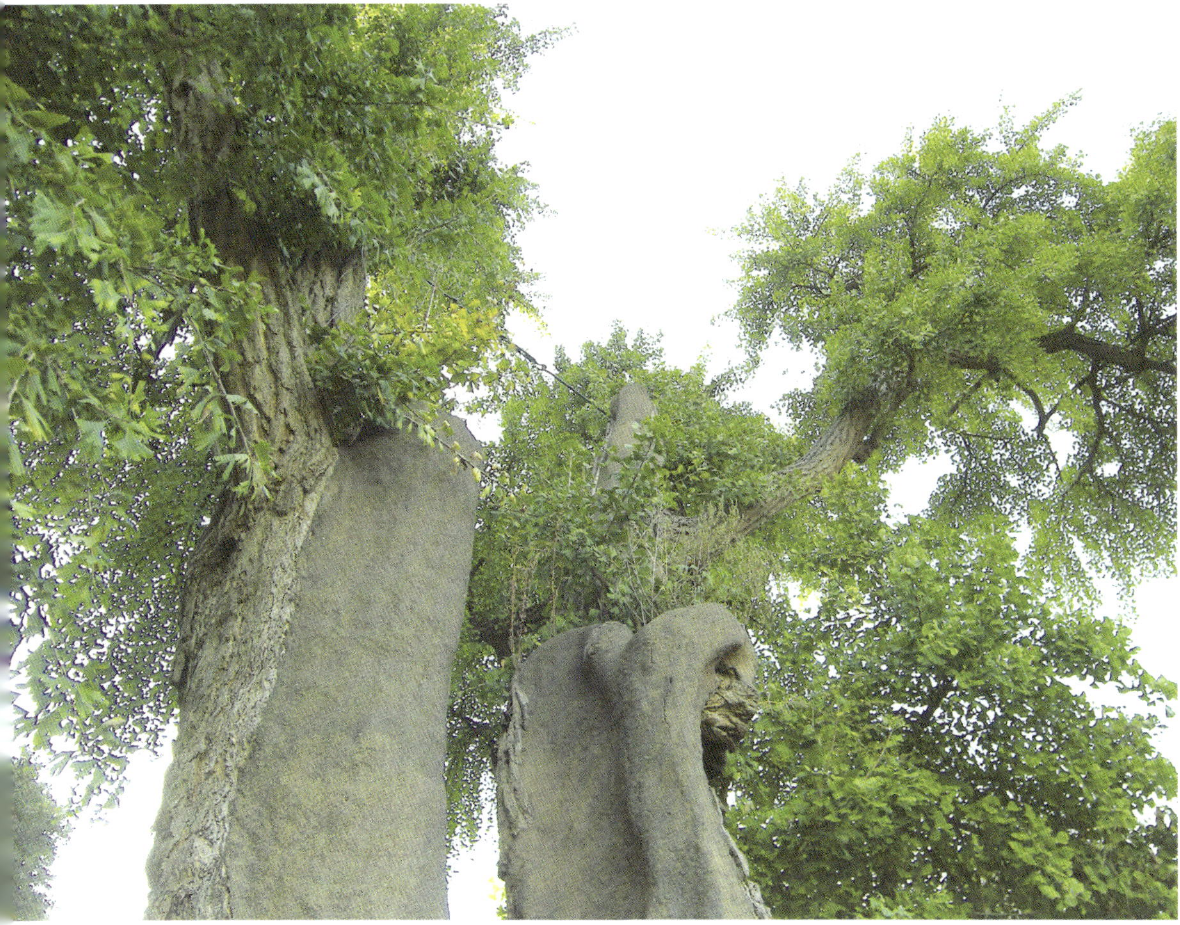

:: 벼락 맞은 나무

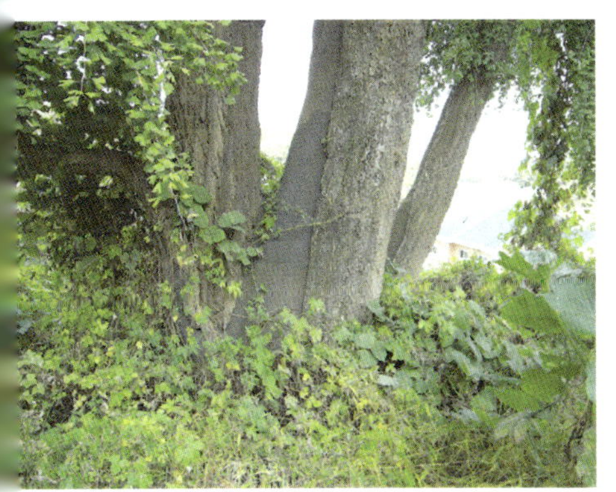

마을사람들의 사랑을 받던 은행나무는 오래 전에 벼락을 맞아 가지가 꺾인 뒤 불에 타버렸다. 그 뒤 벼락 맞은 나무에 청년들이 던진 담뱃불이 은행나무 동공 속으로 들어가 발화하여 화재가 발생하였다. 화재 발생 후부터 수세가 크게 약화되어 오늘에 이르고 있다.

:: 마을 유래

동천리(東泉里)는 용인시와 경계를 이루는 진위면 동쪽에 위치한 마을로서
동네에 있는 샘이 좋고, 동편의 전답에 물이 마르지 않아 해마다 풍년이 든다
고 하여 동천리라는 이름이 붙여졌다고 한다. 해마다 정초에 마을 사람들이
모여서 고사를 지낸다고 한다.

:: 전설

가을에 단풍이 들 때 단풍드는 속도가 빠르게 나무 전체가 노랗게 물들면 다
음 해에 풍년이 들고, 단풍드는 기간이 길면 가뭄이나 천재지변이 찾아와 흉
년이 든다고 한다.

시멘트 반, 나무 반의 안타까운 동천리 은행나무 ◉ 경기도 평택시 진위면 동천리 산 563번지

3. 강릉 · 강원

영월 하송리(下松里) 은행나무는 수령 1200년, 나무높이 29m의 암나무이다. 수관 폭은 동서 16.5m, 남북 21.3m이다. 줄기는 지상 1.9m쯤 되는 곳에서 북쪽으로 3개, 남쪽으로 6개의 큰 가지로 갈라져 있다.

:: 나무 상태

이 나무의 원래 줄기는 죽어 없어지고 지금의 줄기는 새싹이 돋아 자라난 것이다. 은행나무는 뿌리목 부근에서 많은 움싹을 내는데 이 나무도 밑 부분에서부터 여러 갈래로 가지가 갈라져 자라고 있다. 나무의 모양새는 약 2m 높이에서 굵은 가지가 여럿 나와 자랐으며, 가지는 바람에 의해 부러진 것도 있고 관리상 절단한 가지도 있다.

처음에는 대정사(對井寺)라는 사찰 앞에 은행나무가 서 있었으나 사찰이 사
라지고 주택이 들어서면서 이 나무가 마을 한가운데 위치하게 되었다. 현재
는 마을의 정자나무 역할을 하고 있다.

:: 나무 유래

영월 엄씨(寧越嚴氏)의 시조(始祖) 엄임의(嚴林義)는 중국 한(漢)나라 시인
부양(富陽)의 후예이며, 당(唐)나
라 상국(相國) 화음(華陰)의 일족
이다. 그는 당나라 현종(712-756)이
새로운 악장(樂章)을 만들어 이를
인근의 여러 나라에 전파하기 위해
보낸 파락사(波樂使)로, 신라에 왔
다가 본국에서 정변(안녹산의 난)
이 발생하여 고향 땅이 어수선해지
자 돌아가지 않고 지금의 영월 땅
인 내성군에 안주한 것이 우리나라

34) 엄임의의 묘소는 강원도 영월
군 영월읍 영흥리 동산에 있다.

35) 청령포는 영월읍 내에서 서쪽
으로 3km쯤 떨어져 있으며, 남
한강 상류의 지류인 서강(西江)
이 곡류하여 반도 모양의 지형
을 이루고 있다. 동·북·서쪽
이 깊은 물로 막히고 육지와 이
어지는 남쪽은 육륙봉의 층암
절벽으로 막혀 있다. 그 때문
에 이곳에 유배되었던 단종(端
宗)이 '육지고도(陸地孤島)'라
고 표현한 바 있다. (魯山君)으
로 강봉된 단종이 이곳에 유배
된 것은 1457년 6월이다. 그해
여름에 서강이 범람하여 청령
포 일대가 침수되자 강 건너 영
월부의 객사인 관풍헌(觀風軒)
으로 8월에 처소를 옮기고 자
규루(子規樓)에 올라 시를 읊으
며 한을 달래기 몇 달 만인 같
은 해 10월 눈을 감았다. 청령
포에는 단종이 그곳에 살았음
을 말해 주는 유지비각(遺址碑
閣)과 후세에 세운 청령포 금표
비(禁標碑)가 있고, 단종이 정
순왕후 송씨를 그리며 쌓은 것
이라고 하는 돌탑(속칭 망향탑)
이 유지비각 서쪽 절벽 위에 서
있다.

엄씨의 시원을 이루게 되었다고 한다.[34] 그 후 고려시대
에 들어서서 그를 내성군(奈城郡)에 추봉(追封)하고 후
손들에게 영월(寧越)을 식읍(食邑)으로 하사하자, 후손
들이 그 곳에 살면서 영월을 본관으로 삼아 뿌리를 내리
게 되었다.

하송리 은행나무는 영월 엄씨의 시조 엄임의가 손수 심
은 것이다. 이 일대가 마치 배의 모양이므로 돛대 역할을
할 나무로 은행나무를 심게 되었다고 한다.

:: 일화

세조 3년(1457) 강원도 영월 청령포에 유배 와 있던 단종
이 읍내의 관풍헌으로 옮겨질 때, 어린 임금은 이 은행나
무에서 은행 몇 알을 따다가 다가올 자신의 운명을 점쳤
다고 한다.[35] 그는 얼마 지나지 않아 최후를 맞았다. 시신
마저 아무렇게나 팽개쳐질 때, 은행나무를 심은 엄임의
의 12대손 엄흥도가 용기를 내어 시신을 수습하였다.

:: 전설

마을 사람들은 이 나무를 신령스러운 나무로 취급하고 있으며, 자식을 못 낳
는 부인들이 치성을 드리면 자식을 얻을 수 있다고 한다. 아이들이 나무에
서 떨어져도 상처를 입지 않는다는 이야기가 전해진다. 마을 사람들은 나무
속에 신통한 뱀이 살고 있기 때문에 동물이나 곤충이 가까이 접근하지 못한
다고 믿었다.

이곳 주민들은 이 나무를 신목(神木)으로 소중하게 여기는데 1910년의 한일

합병 때와 1950년 한국전쟁 발발 시에는 북쪽 가지가 부러지고, 1945년 8월 15일 해방을 맞아서는 동쪽 나뭇가지가 부러지는 등 국가에 큰 이변이 있을 때마다 무언의 예시를 해 왔다고 한다.

굵은 줄기들이 힘 있게 뻗어 올라 간 천연기념물 제76호 하송리 은행나무
◉ 관리자: 영월군 ◉ 강원도 영월군 영월읍 하송리 190-4

장덕리(長德里) 은행나무는 수령 800년, 나무높이 26m의 수나무이다. 지상 1.8m와 2.5m 높이 사이에서 8개의 큰 가지로 갈라져 있다. 마을 입구에 서서 마을을 지키고 있는 장덕리 은행나무는 전설 등의 문화성과 민속성을 가지고 있어 천연기념물로 지정되어 보호받고 있다.

:: 나무 상태

사진을 보면 시멘트 위의 한 부분이 젖어 있음을 볼 수 있다. 또 줄기 윗부분까지 이끼가 끼어 있는 것을 볼 때 이 나무는 충분한 수분을 공급받고 있는 것으로 보인다.[36] 시멘트와 나무사이에 빈틈도 보인다.

36) 은행나무 가지와 줄기에는 물 줄기(水道)가 잘 발달해 있다.

이 은행나무는 옛날에는 암나무였고, 이 나무에 많은 은행열매가 열렸는데
가을이 되면 열매가 고약한 냄새를 풍기자 이곳을 지나가던 늙은 스님이 이
냄새를 싫어하여 부적을 써서 나무에 붙였더니 그 후부터는 열매를 맺지 않
게 되었다고 한다.

동해바다의 바람과 햇살을 받으며 자라고 있는 천연기념물 제166호 장덕리 은행나무
◉ 관리자: 강릉시 ◉ 강릉시 주문진읍 장덕리 643

원주 반계리(磻溪里) 은행나무는 수령이 1,000년으로 추정되고 있으며, 나무의 높이는 33m, 가슴높이의 둘레는 16.3m이다. 이 나무는 굵은 가지가 사방으로 뻗어 있으며 수관은 동서남북으로 넓게 퍼져있다. 지면(地面)에서부터 2개로 갈라져서 자라다가 2-3m 올라가서 다시 갈라져서 사방으로 퍼졌다.

1929년 조선총독부에서 현지 조사 후에 거목대장에 기재하고 천연기념물 제167호로 지정했다. 마을사람들은 이 은행나무를 신성한 나무로 여기고 오랜 세월 보살펴 왔다.

약 200년 전 화재를 당했으나 무성하게 자라고 있다.

:: 나무 상태/특징

가지가 사방으로 퍼져 전체가 웅장한 모습을 하고 있으나 일부 가지는 부러
질 염려가 있어 받침대로 받쳐주고 있다. 다른 나무와는 달리 가지가 뻗어
나가면 잘라내지 않고 받침대로 받쳐 주어 보호한 것이 이 나무의 모습을 아
름답게 만든 비결 같다. 잔가지가 많지 않은 편이다. 나무고드름이 많은 것
도 특징이다.

이 은행나무는 논밭의 중앙에 서 있으며, 가지가 무성하게 우거졌고 전체가
반원형의 모습으로 발달하였다. 이 나무는 노거수의 위용을 보여주듯 웅장
한 모습으로 자라고 있다.

:: 마을 유래

반계리는 문막읍의 서쪽에 위치하고 경기도 여주군과 접경을 이루고 있다.
동쪽은 섬강을 경계로 문막리와 포진리, 서쪽은 여주군 강천면, 남쪽은 대둔
리와 후용리, 부론면 노림리, 북쪽으로는 취병리와 경계하고 있다. 건등산에
있던 왕건 고려태조(太祖)의 건승비(建勝碑)를 서울로 옮겨가던 도중에 이
마을 앞에서 비가 떨어져 반으로 부러졌으므로 ‘반저리’라고 부르다가 변형
되어 ‘반계리’로 되었다고 한다.

:: 나무 유래/전설

이 마을에 살던 성주 이씨(星州 李氏) 문중의 한 사람이 나무를 심고 관리하
다가 마을을 떠났다는 이야기도 있고, 어떤 큰 스님이 이곳을 지나는 길에 목
이 말라서 물을 마신 후, 가지고 있던 지팡이를 꽂아 두고 갔는데 그 지팡이

웅장함과 풍요로움이 한껏 느껴지는 천연기념물 제167호 반계리 은행나무
◉ 관리자: 원주시 ◉ 강원도 원주시 문막면 문막읍 반계리 1495-1

가 자랐다는 이야기도 있다. 또한 이 나무 안에 흰 뱀이 살고 있어서 아무도 손을 대지 못하였다는 이야기도 전해진다. 마을 주민들은 가을에 단풍이 한꺼번에 들면 다음해에는 풍년(豊年)이 든다고 믿고 있다.

강릉 운산리(雲山里) 은행나무는 수령 600년, 높이 30m의 암나무이다. 원줄기 남쪽 그루터기에서 새로 돋은 줄기가 자라고 있다. 농경지 부근에서 자라고 있으며 현재도 은행이 잘 열리고 있다. 이 나무는 1979년 5월 30일 시도기념물 제29호로 지정되어 관리되고 있다.

:: 나무 상태

보존 상태는 비교적 양호한 편이며 수간(樹幹)에는 지름 1m 정도의 동공이 있으며 원 줄기의 남쪽 면이 움푹 파여 있다. 동공은 지금은 메어져 있다.

마을 사람들은 이 나무가 신목(神木)은 아니지만 나무 안에 큰 구렁이가 살고 있어서 재앙을 막아준다고 믿고 있으며 나무를 정성껏 보호하고 있다.

무성한 수풀 속에서 듬직한 자목과 함께 자라고 있는 운산리 은행나무 ● 강원도 강릉시 운산동 432-1번지

삼척시 도계읍 늑구리(訥口里) 은행나무는 수령 1,500년, 높이 20m의 암나무이다. 어미나무의 뿌리에서 10여 개의 새로운 싹이 자라서 원줄기를 감싸며 자라고 있다. 원줄기 주변에 많은 작은 가지들이 둘러싸고 있기에 마을사람들은 이 나무를 효자나무라고 부른다. 작은 가지들의 둘레도 50cm-80cm는 되어 보인다. 이 나무는 1986년 11월 19일 시도기념물 제59호로 지정되었다.

이 은행나무를 소개하는 여러 자료를 보면 이 나무는 경상북도 영주시 순흥면 내죽리의 '금성단 은행나무'와 부부 사이라고 하는데, 필자가 내죽리 '금성단 은행나무'를 찾아가보니 그 나무 또한 암나무여서 두 나무의 관계는 부부 사이가 아닌 것은 확실하다.

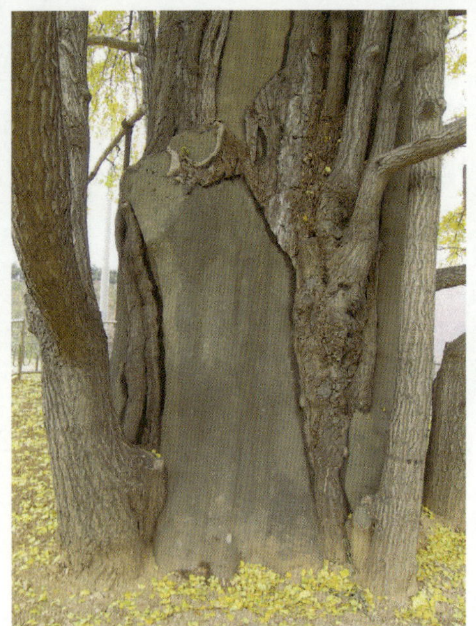

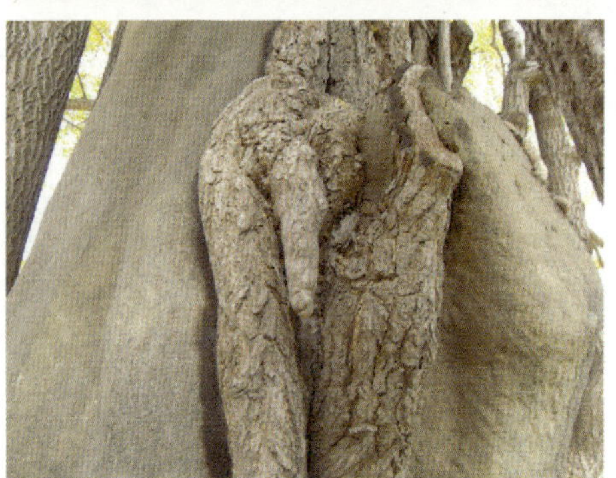

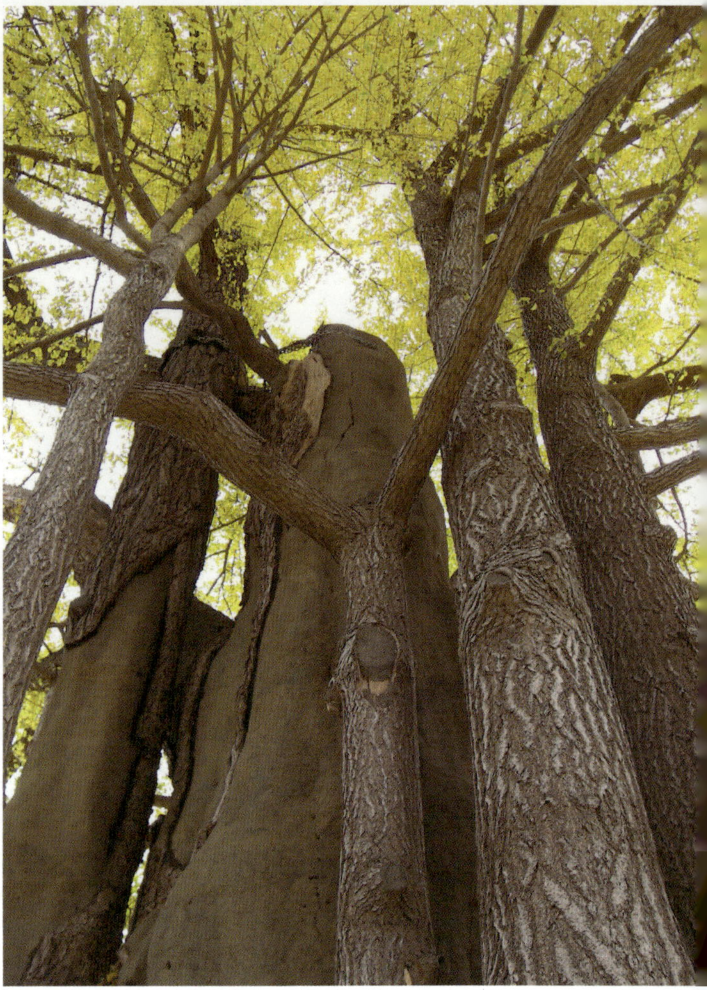

:: 나무 유래

늑구리 은행나무의 유래에 관해서는 전해지는 바가 없다. 이 나무의 수령 1,500년은 마을 주민들의 말과 문화재 전문가들의 판단에 의한 추정치이다.

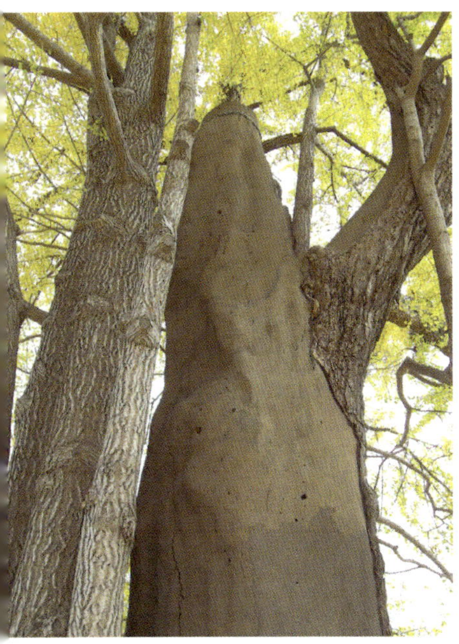

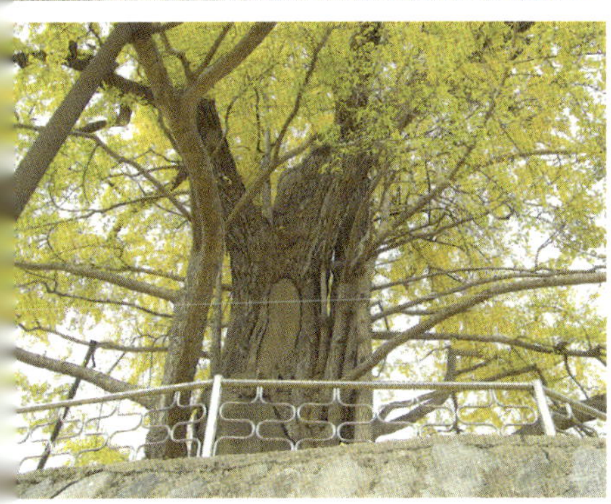

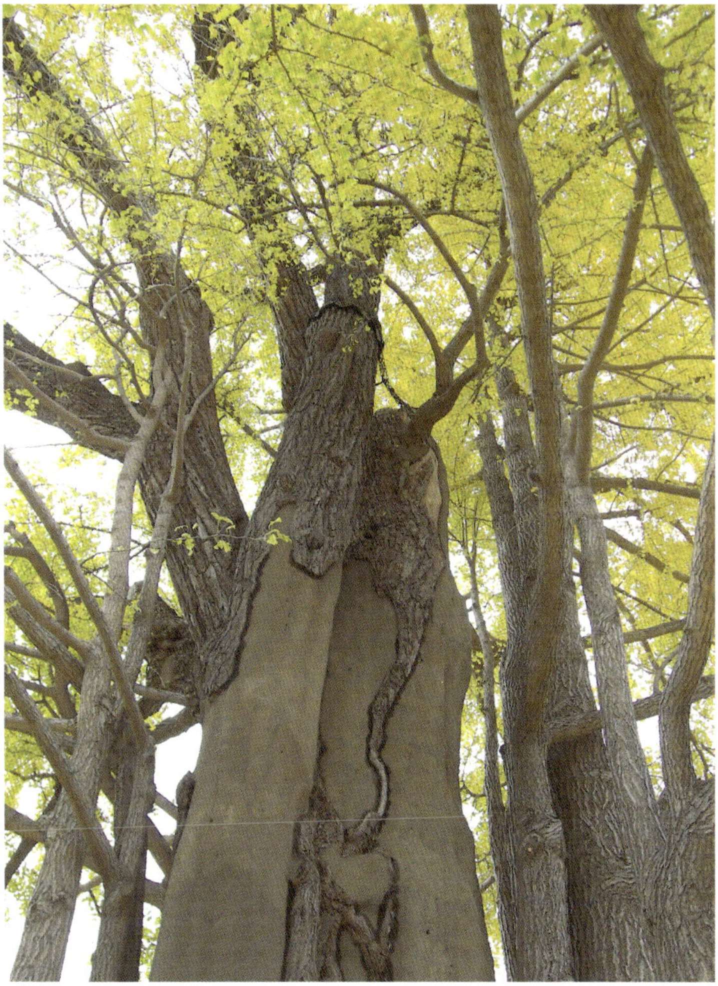

:: 자생목 가능성

이 은행나무는 수령이 국내에서는 가장 오래된 1,500년으로 추정되고 있는데 수령이나 주변 환경을 보았을 때 자생하는 나무일 가능성이 있다. 대부분의 나무들이 마을, 사찰, 서원 등에 가까이 있는데 이 나무는 마을에서 한참

떨어진 산 위에서 홀로 자라고 있다. 다른 나무들은 사찰, 향교 또는 민가 가까이에 있으면서 주민들의 보살핌을 받아왔지만 이 나무는 민가와는 멀리 떨어져 있는 산속에서 자라고 있었다는 점에서, 또 주변에 사찰이나 향교 등이 없었고 인적이 드문 곳에 위치해 있다는 점에서 자생목일 가능성이 큰 것으로 보인다. 나무 옆에는 최근에 만들어진 임도가 있어서 어렵지 않게 접근할 수 있었지만, 길이 열리기 전에는 이 나무에 접근하는 것조차 힘들었을 것이다. 나무의 존재 자체를 모르고 지냈을 것이다.

이 나무에 관해서는 알려진 것이 거의 없다. 고사리역 주변에 사는 주민들에게 나무 유래를 물었으나 그분들은 이곳에서 태어나 70년 넘게 살았지만 은행나무와 관련해서는 아는 것이 아무 것도 없다고 했다.

일제 강점기 이 근방에 탄광이 개발되어 고사리역이 만들어진 후에 사람들이 들어와 살기 시작했기 때문에 은행나무의 유래에 관해 아는 사람이 없는 것은 어떻게 보면 당연한 일인지도 모른다.

이 나무가 처음 새 싹을 낸 오랜 옛날 이곳은 세상 아무도 모르는 첩첩산중이었다.

:: 나무 찾아 가기

도계읍의 간이역인 '고사리역'을 찾는 것이 은행나무로 가는 가장 빠른 길이다. 역사 옆 철로 변에 민가가 여러 채 있는데, 철로를 따라 북쪽 방향으로 50m 정도 가면 언덕 올라가는 길이 있다. 그 길을 따라 올라가면 계곡 저 편 꼭대기에 늠름하게 서 있는 은행나무를 보게 된다. 은행나무에서 동쪽을 바라보면 가까이 또 멀리 여러 산 봉우리를 볼 수 있다.

강릉 옥천동(玉川洞) 은행나무는 수령 1,000년, 나무높이 29m의 수나무이다. 이 나무는 1993년 12월 23일 시도기념물 제64호로 지정되었으며 강릉 지역의 신성한 나무로 관리, 보호되고 있다.

이 나무는 강릉시내 중심지에 위치하고 있으며, 이 나무를 중심으로 쌈지공원이 조성되어 있어서 주민들에게 휴식공간을 제공하고 있다.

이 나무는 신라시대에 한 사냥꾼이 곤경에 처한 호랑이를 살려준 일이 있는데 그 후에 호랑이가 그 사냥꾼에게 은혜를 갚았다는 전설과 함께 그 때 호랑이가 물어다 준 은행 알이 자라서 지금의 나무가 되었다는 이야기가 전해지고 있다. 이러한 전설 때문에 이 나무는 효행(孝杏) 또는 호랑이 호(虎)를 써서 호행(虎杏)이라고도 불리고 있다.

쌈지공원에서 자라고 있는 옥천동 은행나무 ● 강원도 강릉시 옥천동 61번지

정선초등학교 교정에서 자라고 있는 은행나무는 수령 700년, 나무높이 20m의 수나무이다. 1982년 11월 13일 정선군의 보호수로 지정되어, 현재 정선초등학교에서 관리하고 있다. 이 은행나무는 정선초등학교의 교목이며, 이 학교의 상징물이 되어 있다.

:: 나무 유래

정선초등학교의 은행나무는 정선군의 명칭을 '도원'이라고 부를 때(1291-1311년), 도원관(桃原館) 객사의 정원수로 심은 것이라고 전해진다.

:: 나무 상태

사진촬영을 하던 도중에 만난 권중호 교장 선생님은 2003년에 정선군으로부터 예산을 지원 받아 당시 다 죽어가고 있던 은행나무를 살리는 작업을 시작하였다고 설명해 주었다. 이러한 노력 덕분에 나무가 살아나고 있는 것 같았다. 일부 가지들이 말라 죽은 상태에 있는 것이 안타까웠지만 앞으로 더 많은 관심을 갖고 관리한다면 머지않아 무성한 나뭇잎과 건강한 가지를 볼 수 있을 것 같다.

:: 제례

예전에는 특별한 행사가 있을 때 고사를 지내기도 했으나, 지금은 고사는 지내지 않고 있으며 다만 학생들의 휴식공간이 되어 있다.

선생님들과 학생들의 보호덕분에 활기를 되찾고 있는 정선초등학교 은행나무 ● 강원도 정선군 정선읍 봉양4리 306

강원도 고성군청 경내에서 자라고 있는 은행나무는 수령 730년, 나무높이 25m의 수나무이다. 은행나무는 자신이 고성군의 군목임을 알리기라도 하는 듯 그 위용을 자랑하고 있다.

:: 나무 유래

이 나무는 고려시대 말기인 1280년대에 심은 것이라고 전해진다.

이 지역 일대에는 삼정(三井) 사지(四池) 오목(五木)의 유래가 전해오고 있는데, 이는 고려시대 때 이곳의 어느 원님이 관직에 오래 머물고 장수를 하려면 3개의 우물을 파고 4개의 연못을 만들어야 하며 은행나무 등 장수목 5그루를 심어야 한다는 말을 듣고 이를 실천한 데 연유한다.

이때 팠던 3개의 우물 중 군청 앞의 것과 천주교회 입구의 것은 지금껏 남아 있으나 사용은 않고 있으며 하리사무소 입구에 있던 것은 사라졌다.

또한 4곳의 연못은 모두 매몰돼 없어졌고 다섯 그루의 나무도 군청 경내에 있는 은행나무 한 그루만이 현존한다. 당시 심었던 다섯 그루의 나무는 군청

입구의 암수 은행나무 한 그루씩 두 그루, 소나무 두 그루, 굴밤나무 한 그루
였다. 은행나무 두 그루 중 한 그루는 한국전쟁 당시 폭격으로 인하여 불에
타 없어졌다.

지상 2m 지점에서 두 갈래로 갈라져 휘어진 채 자라고 있는 고성군청 은행나무
강원도 고성군 간성읍 하리 12번지

:: 나무 상태

수세는 왕성한 편이나 한쪽 줄기가 언덕 아래쪽으로 기울고 있다. 지난 1964
년 가을에 은행나무의 썩은 부위에서 화재가 발생하여 3일간이나 불에 탄적
이 있다고 한다. (자료출처: http://www.cafe.daum.net/san3050/)

평창군에 있는 수청리 은행나무는 수령 500년, 높이 20m의 수나무이다. 이 나무는 산기슭 중턱에 서 있는데 오래된 나무치고는 수세는 왕성한 편이다. 세월의 무게는 어쩔 수 없는지 밑동은 고사목처럼 보이기도 한다. 밑동의 뿌리 부분에서는 새로운 가지가 계속 자라나고 있는 것이 보였다.

수청리 가는 길목의 터널

은행나무에서 내려다 보이는 경작지

:: 전설

옛날 경상북도 안동에서 이곳 수청리에 낯선 사람이 찾아와 이 은행나무 앞에 제물을 차려놓고 울면서 제사를 드렸는데 이를 본 수청리 노인 한 분이 그 연유를 물어보았다. 낯선 사람은, 3년 전에 얻은 아들이 금년에 죽어 슬피 울고 있는데 꿈속에 백발도사가 나타나서 하는 말이 그 아이는 수청리에 있는 은행나무의 정기를 타고 태어났다고 말했다. 낯선 사람은 이어 그 은행나무는 3년 간 잎이 무성하게 푸르다가 다음 3년 간 잎이 엉성하기를 반복하는 나무인데, 금년에 잎이 성긴 해로 정기가 다하여 아이가 죽었으니 그 나무를 찾아가 아이의 명복을 빌면 좋은 일이 있을 것이라 하여 이렇게 아이의 명복을 빌고 있는 것이라고 말하였다.

그 후 은행나무의 정기로 그 사람의 가문이 번성하자 이 은행나무는 영험한

나무로 알려져 흥복을 비는 사람들의 발길이 끊이지 않는다고 한다. 또 이 은행나무는 마을의 변고를 예견하는 신비한 나무로 알려져 있다.[37]

37) 최낙성, '은행나무 이야기' (서울: 세손, 1998), 121-122쪽.

:: 찾아 가는 길

이 은행나무를 보려면 일단 (주)태영EMC 청수사업소 공장 안으로 들어가야
한다. 이 공장은 석회석을 채취하는 탄광회사인데 규모가 크고 구내에 길이
여러 갈래로 나 있다. 공장 구내로 들어가는 것은 어려운 일이 아니지만 나
무 찾는 일은 쉽지 않다. 마침 공장 정문 입구에서 근무 중이던 경비 아저씨
가 그 은행나무가 있는 곳을 안다고 하여 길을 물었으나 복잡하여 아예 가는
길을 약도로 그려달라고 부탁하여 겨우 찾아 갈 수 있었다. 공장 뒷산 쪽으로
돌아가서 아주 좁은 길로 가야하는데 도로가 좁고 때로는 비포장 도로를 만
나기도 하여 차에 상처를 입히기 십상이다.

누가 볼까 두려워 숲속 깊은 곳에 숨어 자라고 있는 수청리 은행나무(사진 중앙부분)
● 강원도 평창군 미탄면 수청리 상수청마을

4. 청주 · 충북

읍내리 은행나무는 마을을 상징하는 나무로서, 또는 백성을 사랑했던 고을 성주를 기리고 후손들의 교훈이 되도록 하는 상징성을 가진 나무로서 문화적 가치가 클 뿐만 아니라 1,000년 가까이 살아온 생물학적 보존가치가 큰 노거수이다.

읍내리 은행나무는 수령 1,000년, 나무높이 17m이고, 가지가 동서로 16.4m, 남북으로 17.2m정도 퍼져있는 암나무이다. 현재 청안초등학교 운동장 한 가운데에서 자라고 있다.

:: 나무 상태

줄기 곳곳에 가지가 잘려나간 흔적이 있고 끝가지의 일부는 죽었으나, 가지가 사방으로 고르게 퍼져 자랐다.

:: 나무 유래

이 은행나무는 고려시대 성종(成宗, 재위 981-997) 때에 이 고을의 성주(지금의 군수)가 백성들에게 잔치를 베풀면서 성내(城內)에 연못이 있었으면 좋겠다고 하자 백성들이 청당(淸塘)이라는 연못을 파게 되었다. 연못 주변에 많은 나무를 심었는데 그 중의 하나가 살아남은 것이다.

그 후 성주가 조정으로 불리워감에 따라 석별의 정을 나눌 때 백성들은 어진 성주를 보내는 아쉬운 마음에 '억석소공감당수 정여령일오제심(憶昔召公甘棠樹 正如令日吾儕心)'이라는 성주를 흠모하는 시를 지어, 이 은행나무를 잘 보살펴 왔다고 전해진다.[38]

38) 문화재청 홈페이지 자료.

마을 사람들은 성주가 죽은 후에도 고인의 선정(善政)을 기려 이 나무를 정성껏 가꾸어 왔다.

:: 전설

이 은행나무 안에 귀 달린 뱀이 살면서 나무를 해치려는 사람에게는 벌을 준다는 전설이 있다. 이러한 전설 때문에 아무도 이 은행나무를 해치려 하지 않는다고 한다.

:: 축제

이 은행나무는 청안초등학교의 상징이기도 하며, 이 학교에서는 매년 은행잎이 노랗게 물들 무렵(10월 하순)에 교내 행사 성격의 '청안골 은행나무 축제'를 개최하고 있다.

학생들과 마을 주민들의 사랑을 받으며 자라고 있는 천연기념물 제165호 괴산 읍내리 은행나무
관리자: 괴산군 ● 충청북도 괴산군 청안면 읍내리 221

영동 영국사(寧國寺) 은행나무는 수령 1,000년, 나무높이 31.4m의 암나무이다. 가지는 동서방향 21.2m, 남북방향 26.7m로 퍼져있다. 서쪽으로 뻗은 가지 가운데 1개는 땅에 닿아 뿌리를 내리고 독립된 나무처럼 자라고 있는데 이 가지는 가슴높이의 둘레가 20㎝ 정도이고, 지면에서의 높이는 5m 정도이지만 어미 나무와 연결되어 있다.

은행나무는 영국사로 진입하는 정문에서 동남쪽으로 200m 정도 떨어진 곳에 서 있으며, 바로 옆에는 작은 계곡물이 흐르고 있어 충분한 수분을 나무에 공급해 주고 있다. 영국사 입구에서 사찰 본당까지는 1.5km 정도 거리이고, 가는 길목에서 삼단폭포를 만나게 되는데 이곳에서 잠시 휴식을 취하면 좋다. 삼단 폭포의 시원한 물줄기는 여름의 무더위를 식혀주는 청량제 역할을 한다.

삼단폭포

:: 사찰 유래

영국사는 대한불교 조계종 제5교구 본사인 법주사의 말사이며, 충청북도 영
동군 양산면 천태산 기슭에 있다. 신라 제30대 문무왕 8년에 원각국사(圓覺
國師)가 창건하였으며, 제32대 효소왕이 신하들을 거느리고 피난하였던 곳
으로 알려져 있는데, 고려 제23대 고종 때 감역(監役) 안종필(安鍾弼)이 왕명
으로 탑·부도·금당을 중건하고, 절 이름을 국청사(國淸寺)라고 하였다. 고
려 제31대 공민왕 때에 원(元)나라의 홍건적이 쳐들어오자 왕은 신하들을 거
느리고 이곳에 몽진(蒙塵)하여 국태민안 기도를 계속하였다. 마침내 근위병
들이 홍건적을 무찌르자 왕이 기뻐하며 부처에게 감사드리고 떠나면서 절 이
름을 영국사로 바꾸었다.

옆으로 뻗은 가지를 위해 여러 개의 지지대를 받쳐주고 있다.

:: 나무 특징

긴 세월을 이곳에 서 있는 이 은행나무는 쇠사슬과 쇠기둥, 로프 등을 의지해
서 있었지만 경이로운 것은 나뭇가지가 땅에 닿으면서 거기에서 뿌리가 내
려 다시 새로운 은행나무가 자랐다는 점이다.

:: 전설

이 은행나무는 국가에 큰 일이 있을 때에는 소리를 내어 운다고 한다.

웅장한 모습의 천연기념물 제223호 영국사 은행나무 ● 관리자: 영동군 ● 충청북도 영동군 양산면 누교리 1395

영동 웅북리 은행나무

보호수
청주 · 충북 – 3

영동군 추풍령면 웅북리에 있는 은행나무는 수령 600년, 나무높이 27m의 암나무이다. 수세가 강성하고 미관이 아름다운 나무이며 1982년 11월 11일 보호수로 지정되었다. 나무 옆에 아이들 놀이기구가 놓여 있는 것으로 볼 때 아이들의 쉼터로도 이용되고 있음을 알 수 있다.

:: 나무 유래

이 은행나무는 삼국시대에 신라와 백제의 국경을 표시하는 이정표로 삼기 위해 마을입구에 심은 것이라고 한다. 지금은 마을의 수호목으로서 마을을 지키고 있는 고마운 나무이다.

:: 나무 상태

썩어서 외과수술을 받은 흔적은 거의 없다. 다만 말라죽은 부위는 눈에 띤다. 전반적으로 상태는 양호한 편이다.

임진왜란 때 강산위 장군이 일본군과의 전투에서 패한 후 이곳에 터를 잡았
으며, 금녕 김씨, 평산 신씨, 밀양 손씨가 들어와 마을을 이루며 살고 있다. 서
울과 부산의 절반이라 반고개로 이름 붙여진 마을, 웅북리는 해발 400m에 있
다. 하웅, 중웅, 상웅의 3개 자연마을로 이루어진 곰뒤마을은 웅이산 뒤쪽에
있어 웅북이라 불리게 되었다.

:: 전설

이 은행나무는 국가나 마을에 큰 변고가 있을 때에는 울거나 땀을 흘려 미리
알려주는 영험한 나무라고 한다.

임진왜란이 일어날 때는 나무에서 땀이 흘러나와 흠뻑 젖었다고 하며, 경술년 한일합병 때에도 땀이 흐르고 나무가 울었다고 한다. 어느 해에는 나무가 울고난 뒤에 마을이 큰 수해를 입었다고 전해진다.

임진왜란 때 우리 의병들과 일본군이 추풍령에서 격전을 벌일 무렵, 일본군들이 진중에서 눈만 감으면 큰 은행나무가 나타나 느닷없이 일본군 진지로 들이 닥쳤다. 거대한 고목 밑에 수많은 일본군들이 깔려 죽는 꿈을 꾸곤 했다는 것이다. 이상하게 여긴 일본군들이 근방에 나무 있는 곳을 수소문하였더니 바로 여기에 은행나무가 있었고, 겁을 먹은 일본군들은 이 은행나무에 감히 접근할 생각을 못했다고 한다.

:: 제례

마을 사람들은 이 나무를 마을을 지키는 수호신으로 여겨 정성을 다하여 보호하고 있으며 오래 전부터 고사를 지내고 있다. 매년 음력 정월 열나흘에 마을주민들이 정갈한 마음으로 정성을 모아 한해의 풍년과 무병장수, 행복을 기원하고 있다.

가을 단풍이 아름다운 웅북리 은행나무 ● 충청북도 영동군 추풍령면 웅북리 196번지(상웅북 마을)

청주 중앙공원 내에 수령 900년, 나무높이 30m의 은행나무가 자라고 있는데 이 나무를 청주 압각수(淸州鴨脚樹)라고 부른다.[39]

이 은행나무는 1976년 12월 21일 충청북도 기념물 제5호로 지정되었으며, 청주시에서 관리하고 있다. 나무 주위에 축대를 둘러 보호하고 있다.

39) 압각수라는 이름은 나무의 뿌리모양이 오리발 같다고 하여 붙여졌다는 설과 나무뿌리가 물오리 발처럼 발가락 사이가 붙어 있어 붙여진 별칭이라는 설이 있다.

:: 나무 유래

청주 압각수는 고려시대 때부터 청주 시내 현 중앙공원에 있는 나무이다. 압각수는 고려시대 청주목 객사 문(客舍門) 앞에 있었던 수 십 그루의 은행나무 가운데 유일하게 남은 나무이다. 이 나무가 있는 곳은 청주객사의 마당이었는데 일제 강점기 충북도청이 이곳에 있다가 이전하면서 공원이 되었다.

:: 나무 일화

이 나무와 관련하여 《동국여지승람(東國輿地勝覽)》에 다음과 같은 일화가

전한다.

고려시대 말기의 일이다. 당시 조정에는 위화도 회군[40]으로 실권을 장악한 이성계와 그를 따르는 정도전, 그리고 고려를 지키려는 정몽주, 이색, 이숭인 등이 있었다.

1390년 5월에 이초(李初)와 윤이(尹彝)가 명나라의 힘을 빌려 이성계를 제거하려고 "이성계가 군사를 일으켜 명나라를 치려하여, 이를 반대한 이색(李穡) 등을 살해하고 이현보(李賢輔) 등은 유배되었다"고 명나라 조정에 무고하였다. 이 사실을 당시 명나라에 사신으로 갔던 조반이 듣게 되었고 이로 인해 고려에는 크게 옥사(獄事)가 일어나게 되었는데 이를 '이초의 난'이라고 한다.

정도전은 이들 고려의 충신들을 제거하려고 이색 부자를 비롯한 10여 명을 역적의 누명을 씌워서 청주옥에 가두고 심한 고문을 가하였다. 모진 고문에

망선루

도 역적모의사실을 부인하자 정도전은 더욱 심한 고문을 가하도록 명했고, 명을 받은 형리들이 고문할 형틀을 준비하고 고문을 하려할 때 갑자기 하늘에서 뇌성벽력과 함께 엄청난 소나기가 퍼붓기 시작했으며, 갑자기 불어난 물로 청주제방이 무너져 온통 물바다가 되었다. 당시 청주옥사 앞에는 10여 그루의 은행나무가 있었는데 나무 위로 형리들이 올라갔고, 문초를 받으려던 이색 부자도 한 그루의 은행나무에 같이 올라가 피신하게 되었다.

많은 물이 한꺼번에 몰려와 앞뜰에 있던 나무들을 모두 쓸어가 버렸는데 오직 한 그루 이색 부자가 올라간 나무만 그대로 서있었고, 옥 안에 갇혀있던 죄수들과 이색 부자를 고문하려던 형리들은 단 한 사람도 살아남지를 못하고 모두 다 수장되었다고 한다.

이 보고를 접한 왕은 이는 하늘이 이들의 죄없음을 만천하에 알리려한 조화라고 하여 그들을 방면토록 하였다. 청주 압각수는 이러한 일화를 간직하고 있는 유서 깊은 나무이다.

:: 압각수 시비

은행나무 안내판 옆에는 압각수 시비(詩碑)가 있다. 고을 사람들이 하늘의 감응이라 말하자 왕도 이 사실을 듣고서 이들이 무죄함을 알고 석방하였는데 이때 양촌 권근 선생은 다음과 같은 시를 읊었다.[41]

鴨脚樹	압각수(은행나무)
流言不幸及周公	근가 없는 소문으로 주 무왕의 아우 주공에게 불행이 미쳐
忽有嘉禾偃大風	갑자기 큰 바람이 일어 벼를 쓰러뜨렸네.
聞道西原洪水漲	고려 공양왕이 청주에 큰물이 넘쳤다는 말을 듣고
是知天意古今同	하늘의 뜻이 예나 이제나 같음을 알았도다.

역사의 흔적이 묻어 있는 청주 압각수 ● 충청북도
청주시 상당구 남문로 2개(중앙공원 내)

5. 대전·충남

금산군 추부면 요광리 행정마을 입구에 1,000년 수령을 자랑하는 은행나무 한 그루가 자연정자를 이루고 있다. 나무의 높이 24m, 나무둘레 15.5m, 가슴높이의 둘레는 13m이다. 이름 그대로 정자목(亭子木)으로서 마을 앞에 우뚝 서 있으면서 마을을 지키고 있다. 2008년에 나무주변에 대한 정비사업이 이루어졌다.

:: 나무 유래

금산 요광리(錦山 要光里) 은행나무는 이곳에 마을이 형성되기 전부터 자연생으로 나서 자란 나무이다. 나무의 나이를 1,000년 정도로 추정하는 것은 신라시대 때부터 자연정자(自然亭子)를 이루었다고 전해지기 때문이다.

500여 년 전 전라감사(全羅監司) 오씨(吳氏)가 이곳에 정자를 짓고 은행나무 정자라는 뜻의 행정헌(杏亭軒)이라는 이름을 붙였다. 금산 행정(錦山杏亭) 은행나무라는 이름은 이렇게 해서 생겨났다. 나중에 정자는 없어지고 주위도 논밭으로 변했는데 근년에 '행정헌'이라는 육각 정자가 복원되어 마을 주민들에게 휴식공간을 제공하고 있다.

:: 나무 상태

나무 원줄기는 보이지 않고 주위에 난 여러 개의 다른 줄기들이 뻗어 올라가 있다. 지상에서 2.5m 정도 높이 원줄기 중앙에 줄기는 사라지고 그 자리에 넓은 터가 있다. 외과수술을 대대적으로 하여 원줄기 대부분을 시멘트로 감쌌다. 다른 줄기에도 이곳저곳 외과수술 흔적이 있다. 2.5m 이상 높이의 줄

기와 가지들은 그다지 굵은 편이 아니다.

원줄기가 노쇠하여 속이 썩어 동굴처럼 비어 있던 것을 외과수술을 하여 더 이상의 부식을 막고 있다. 사방으로 자란 가지 중에 남쪽 및 동쪽의 가지는 부러졌다. 남쪽 가지는 1905년경 큰 바람이 불어 부러졌고,[42] 동쪽 가지는 광복 뒤에 부러졌다. 가지가 여럿 부러졌지만 나무의 위용은 당당하며 아직도 가지는 사방으로 퍼져 있다.

나무고드름이 여러 개 보인다.

:: 전설 1

어떤 사람이 무더운 여름밤 은행나무 밑에서 개를 데리고 잤는데, 호랑이가 왔다가 거대한 나무 수형을 보고 두려워서 도망을 쳤다고 한다.

:: 전설 2

이 은행나무에 치성을 드리면 아들을 낳을 수 있다. 아들을 갖지 못하는 부인들이 찾아와 지극정성으로 기원을 하면 아들을 낳을 수 있었다고 전해진다.

:: 전설 3

마을에 변고가 있거나 나라에 큰일이 있을 때에는 이 나무가 큰 소리로 울어 변고를 미리 알렸다고 한다.

42) 부러진 가지의 길이는 30m이었고 이것을 판자로 켠 넓이는 세 사람이 누워서 잘 수 있었을 정도였다. 그리고 여기서 켠 판자로 3년 동안 밥상을 만들었다 한다.

:: 제례

마을주민들은 매년 음력 1월 3일 자정(子正)에 이 나무 밑에 모여서 동제(洞祭)를 지내며 소원 성취와 마을의 평안을 기원해 왔다. 마을주민들은 이 나무를 자신들의 소원을 들어주고 마을의 평안을 지켜 온 수호신(守護神)으로 여기고 있다.

넓은 평지에 홀로 고고히 자라고 있는 천연기념물 제84호 요광리 은행나무
● 관리자: 금산군 ● 충청남도 금산군 추부면 요광리 329-8

부여 주암리 은행나무는 수령 1,000년, 나무높이 23m의 암나무이다. 주암리 마을의 뒤쪽 가장자리에서 자라며 신목(神木)으로 보호되고 있다.[43]

43) 이 나무는 '녹간마을 은행나무'라고 불리기도 한다.

이 은행나무는 다음의 일화나 전설에서 보는 것처럼 오래 전부터 이 마을(녹간마을)의 신앙목으로 대우받고 있다.

:: 나무 유래

백제시대 성왕(聖王) 16년(538)에 사비(泗沘, 지금의 부여)로 도읍을 옮길 당시 좌평(佐平) 맹씨(孟氏)가 심었다고 한다. 나무 유래가 정확하다면, 이 나무의 수령은 1,460년까지 추정할 수 있다.

:: 일화

1910년, 이 지역에 우역(牛疫)이 창궐했을 때 이 마을만은 무사하여 인근 주민들이 소들을 몰고 와 이 은행나무 주위를 돌고 가는 일이 있었다. 이 나무의 영험함을 알고 소 전염병을 막기 위해 그렇게 한 것이다.

:: 전설 1

이 나무는 나라에 변고가 있을 때마다 이를 미리 알려주는 영험이 있다고 전해진다. 백제, 신라, 고려 그리고 조선이 망할 때마다 칡넝쿨이 은행나무를 감아 올라가 나라의 망조를 예조(豫兆)해 보여주었다고 한다. 1894년에는 동편으로 뻗은 가지 하나가 부러진 뒤 동학혁명이 일어났고, 1906년에는 서쪽의 가지가 부러지면서 의병의 봉기가 일어났다고 한다.

:: 전설 2

고려시대에 은산에 있는 승각사 주지가 사찰을 중수하면서 대들보로 쓰려고 이 은행나무의 큰 가지 하나를 베어 가다가 급사하였으며 그 사찰도 폐허가 되었다고 한다. 전염병이 돌 때에도 이 마을만은 무사하였으므로 마을사람들은 이 나무가 화를 면하게 하여 주는 영목(靈木)이라고 믿었다고 한다.

:: 제례

마을주민들은 매년 음력 1월 2일에 행단제(杏亶祭)를 지내어 마을의 안녕을 빌고 있으며, 칠월칠석에는 나무 주변을 청소하는 등 정성스럽게 나무를 보호하고 있다.

제주(祭主)는 마을 사람들 중에 부정이 없고 생기복덕이 많은 사람을 선정하여 제사를 주관케 하고 있으나 1980년대 초반부터는 이장(里長)이 제주를 맡는 것으로 되었다. 제주는 3일 전부터 외출을 금하며 냉수로 목욕재계하고 근신한다. 제물로 과일, 포(脯), 뫼, 떡시루, 육류를 올린다. 이 중 뫼, 시루 등에 사용되는 쌀은 이장이 농사지은 벼 중에서 깨끗한 것을 골라 따로 정갈하게 보관하였다가 절구통에 찧어 사용한다. 이러한 제물을 마련할 때에는 동네 사람들이 접근하지 않는 별도의 우물에서 물을 길어다가 이 은행나무 밑에서 조리한다. 제의(祭儀)에는 술 대신 정화수를 사용한다.

이장이 초헌(初獻)을 하고, 은행나무 관리자가 아헌(亞獻)을 하며, 종헌(終獻)은 마을 사람 중 적당한 사람이 하게 된다. 제의 절차는 가제(家祭)와 비슷한 절차를 거친다.[44] 축문도 독축(讀祝)하며, 제의의 마지막 절차로 소지(燒紙)를 올린다. 전에는 가가호호 소지를 올렸으나 지금은 대동소지(大洞燒紙)만 올리고 있다.

44) 최낙성, '은행나무 이야기' (서울: 세손, 1998), 157쪽.

마을을 지키는 평화로운 모습의 천연기념물 제320호 부여 주암리 은행나무
◉ 관리자: 부여군 ◉ 충청남도 부여군 내산면 주암리 148-1

<table><tr><td>**46**</td><td>**금산 보석사
은행나무**
천연기념물
대전·충남 - 3</td></tr></table>

금산 보석사(寶石寺) 은행나무는 수령 1,110년, 나무높이 34m, 가슴높이 둘레 10.7m의 암나무이다. 가지 길이 동서방향 24m, 남북방향 20.7m나 되는 큰 나무이다. 마을 사람들은 이 나무를 마을을 지키고 보호해주는 신목(神木)으로 믿고 있다.

:: 나무 유래

진악산(進樂山) 남동쪽 기슭 보석사 입구 비교적 완만한 경사지에 서 있는 이 은행나무는 조구대사가 보석사를 창건(886)할 무렵에 제자와 함께 심었다고 전해진다.

보석사 가는 길

:: 나무 상태/특징

장엄하고 위압적인 외형을 갖추고 있으며, 중심가지는 부러지지 않고 남아있
어 위용을 자랑하고 있다.

줄기의 주축(主軸)이 죽지 않고 살아서 높이 자라 올라갔으며 나무고드름이
많다. 나무줄기 아래쪽에 혹과 같은 큰 돌기가 나있는 것이 눈길을 끈다.

:: 사찰 유래

보석사는 885년(신라시대 헌강왕 11년)에 조구대사가 창건한 사찰로서 대한
불교 조계종 제6교구 본사인 마곡사의 말사이다. 창건 당시 절 앞산에서 캐
낸 금으로 불상을 만들었다 하여 사찰 이름을 보석사라 하였다.

임진왜란 때는 승병장 영규대사가 머물며 수도하던 곳이다. 지금도 경내에는 의선각이라는 작은 건물이 있는데 이곳이 영규대사가 머물던 곳이다. 임진왜란 때 불에 탄 것을 명성황후가 중창하여 원당으로 삼았다.

:: 전설

이 은행나무는 마을에 변고가 있거나 나라에 큰 일이 있을 때에는 소리를 내어 울음으로써 미리 사태에 대비하도록 한 영험한 나무이다. 1945년 광복 당시, 1950년 한국전쟁 발발 당시, 그리고 1992년의 극심한 가뭄 때에도 소리를 내어 미리 알렸다고 한다.

대웅전 쪽에서 바라 본 웅장한 모습의 천연기념물 제365호 금산 보석사 은행나무
● 관리자: 금산군 ● 충청남도 금산군 남이면 석동리 709

당진군 면천면 성상리 면천초등학교 교정 동쪽에 두 그루의 은행나무가 나란히 서 있다. 학교 정문을 들어서면 오른쪽에 보이는 두 나무의 나이는 1,100여 년 정도로 추정되며, 나무높이는 각각 20m, 21m이다. 가슴높이 둘레는 6m이고 예나 지금이나 많은 열매를 맺고 있는 암나무이다. 1990년 5월 24일 시도기념물 제82호로 지정되었으며, 면천초등학교에서 관리하고 있다. 이 나무는 일제 강점기 시대에는 조선총독부 지정 보호수였다.

:: 나무 유래

이 은행나무는 고려의 개국공신 복지겸(卜智謙)의 딸 영랑이 열두 살 되던 해에 집 뜰에 심은 나무이다.

:: 나무 상태

두 은행나무의 간격은 7-8m 정도이다. 두 나무가 모두 학교건물 가까이에 있지만 편의상 학교건물을 중심으로 가까이에 있는 나무와 멀리 있는 나무로 구분해보면, 가까이에 있는 나무는 2008년 봄에 전지를 해서 그런지 중간 가지는 별로 없고 줄기가 위로 뻗어 있다. 학교건물 위로 가지를 드리우고 있어서 안전상 전지를 많이 한 것으로 보인다. 실제로 나뭇가지가 건물 위로 뻗어 내린데다가 나무 밑 부분이 심하게 썩어서 외과수술을 하고 있는 상태라서 태풍이라

도 심하게 불면 건물 위로 쓰러질 염려가 있어서 전지를 했다
는 설명을 마침 나무 부근에 있던 교사 한 분으로부터 들었다.
멀리 있는 나무는 수세가 강한 편이다. 그 교사는 면천읍성[45]
복원계획에 따라 읍성 터 내에 있는 면천초등학교도 부근 다
른 곳으로 이전할 계획을 가지고 있다고 설명해 주었다.

:: 복지겸

복지겸은 궁예를 몰아내고 왕건을 추대하는데 공을 세운 고려
의 개국공신이다. 그는 태봉(泰封)의 마군(馬軍) 장수로 있
다가 궁예(弓裔)가 횡포해져서 민심을 잃자 배현경 · 신숭
겸 · 홍유 등과 함께 궁예를 몰아내고 왕건을 추대, 고려를
세우는데 힘을 보탰다. 그 뒤 장군 환선길의 반역 음모를 적
발하였으며 임춘길의 역모도 평정하는 등 큰 공을 세웠다.

:: 전설

이 은행나무에는 고려의 개국공신 복지겸과 관련된 전설이 깃들어
있다. 면천에 살고 있던 복지겸이 병을 얻어 앓고 있는데 백약이 무

효하였다. 이에 그의 딸 영랑이 아미산에 올라 백일기도를 했는데 마지막 날에 신선이 나타나 아미산의 진달래꽃과 안샘물로 술을 빚어 마시게 하고, 네 집 앞에 은행나무를 심고 정성을 다하면 병이 나을 것이라는 계시를 하므로 그대로 하였더니 병이 나았다고 한다.

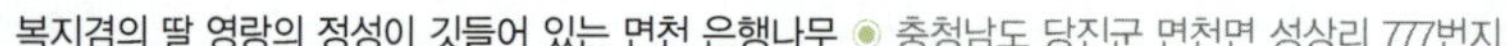

복지겸의 딸 영랑의 정성이 깃들어 있는 면천 은행나무 ◉ 충청남도 당진군 면천면 성상리 777번지

논산 성동면 개척리의 낮은 언덕 위에서 자라고 있는 이 은행나무는 수령 490년, 높이 25m, 둘레 8m, 직경 2.3m의 수나무이다. 일명 '전우치 나무'이다. 이 나무는 2000년 1월 11일 시도기념물 제152호로 지정되었으며, 병촌성결교회에서 관리하고 있다.

강경에서 성동면 개척리로 들어오는 799번 국도 변에 위치하고 있으며, 은행나무 옆에 병촌성결교회가 있다.

:: 나무 유래

조선시대 중종(재위 1506-1544) 때 문장과 시문이 뛰어나면서 도술 또한 능통한 진사 전우치(田禹治)가 미관말직에 있을 때 사림파(士林派) 영수인 조광조를 비롯하여 김구(金絿), 김안국(金安國) 등과 교류하다가 기묘사화(1519)에 연루되어 관직을 그만 두게 되었다. 그는 초야에 묻혀 수도하던 중 우연히 산신을 만나 비결을 깨우쳐 신출귀몰하는 도술행각을 벌였다. 전우치는 서화담, 신광한 등과도 교분이 두터웠으며 많은 기행과 일화를 남겼으나 백성을 현혹시켰다는 죄목으로 관의 추적을 받게 되자 고향을 떠나게 되었다.

그는 도피생활을 하던 중 현재의 성동 개척리 언덕마루에서 잠시 숨을 고르면서, 가지고 있던 은행나무 지팡이를 땅에 꽂았다.[46] 그는 지팡이를 꽂으면서 이 지팡이가 자라면 전씨 가문이 번창할 것이고, 썩어 없어져 버리면 전씨 가문이 남의 그늘 속에서 살게 될 것이라고 말하고 떠났는데, 그 후 지팡이에서 새싹이 돋고 가지가 자라 지금의 나무가 되었다고 한다.

:: 전우치의 시(詩)

鶴飛軒昂鸞羞池	학은 높이 날건만은 난새는 연못에서 부끄러워하고
三山歸路五雲隨	삼산으로 돌아가는 길에 오색구름이 따르는구나
頭巾好掛三花樹	머리에는 즐거이 삼화수를 꽂고
手弄淸溪歌紫芝	맑은 시냇물 손으로 희롱하며 지치를 노래하노라

담양 전씨 문중에서는 매년 음력 정월 대보름에 가문의 평안과 번영을 기원하면서 행단제를 지내고 있다. 행단제를 지낼 때에는 나무에 금줄을 두른다.

일명 '전우치 나무'라고 불리는 성동 은행나무 ● 충청남도 논산시 성동면 개척리 228-1번지

태안 백화산(白華山) 기슭에는 고려시대에 창건된 사찰 흥주사(興住寺)가 있다. 대웅전 앞에는 만세루가 있고 만세루 앞에 오래된 은행나무가 자라고 있는데, 이 나무는 수령 900년, 높이 22m의 암나무이다. 이 은행나무는 2001년 6월 30일 시도기념물 제156호로 지정되었으며, 흥주사에서 관리하고 있다. 이 나무는 흥주사를 지키는 사천왕(四天王) 역할을 해 왔으며 신비스러운 나무로 알려져 있다.

:: 사찰 연혁

흥주사는 대한불교 조계종 제7교구 본사인 수덕사의 말사이다. 이 사찰은 현존하는 건물과 유물 등을 살펴볼 때 고려시대 때 창건된 것으로 추정되고 있다. 창건 뒤의 자세한 연혁은 전해지지 않는다. 대웅전의 현판 글씨는 한석봉이 썼다.

:: 나무 상태

이 나무는 약 4m 높이까지는 외줄기로 되어 있고 그 위부터 몇 개의 줄기가 곧게 하늘을 향해 갈라져 있다. 원줄기와 가지 여러 곳에 외과수술을 하였으며, 굵은 가지가 절단되어 있는 것을 볼 수 있다.

:: 나무 특징

이 나무의 4m쯤 높이에서 동쪽으로 뻗은 가지 하나에 나무고드름이 2개 있는데 그 중 하나는 혹처럼 톡 튀어 나왔다. 나무 밑뿌리에서 새 줄기들이 성장하여 나무 주위를 덮고 있다. 이 나무는 수관과 뿌리가 잘 발달되어 있고 나무의 밑부분에서 새순이 무성하게 돋아나는 것이 특징이다.

:: 전설 1

홍주사 은행나무는 부처가 머무르기 좋은 곳이라고 산신령이 가리킨 곳을 표시하기 위해 스님이 꽂아둔 지팡이가 자라났다는 전설을 간직하고 있다. 9백년 전 고려시대 때 부처님의 뜻을 이 땅에 널리 전할 절집을 지으려고 온 산하를 두루 돌아다니던 노스님이 이곳을 지나다가 풀밭에서 휴식을 취하려고 누웠다. 그런데 잠시 뒤에 어디에선가 흰옷을 입은 산신령이 나타나서는, "지금 네가 누워있는 그곳이야말로 부처님이 머무르시기에 알맞은 곳이니, 잊지 말고 표시해 두어라"하고 말하였다.

스님이 깜짝 놀라 주위를 둘러보았으나, 산신령은 간데없고, 주변에 밝은 빛이 돌며 상서로운 기운이 돌고 있었다. 이에 스님은 그동안 짚고 다니던 지팡이를 꿈에서 산신령이 가리킨 자리에 꽂아두고는 그 자리에서 불철주야 기도를 올렸다.

얼마 뒤, 스님이 꽂아둔 지팡이에서는 놀랍게도 은행나무 잎이 나기 시작했다. 예사로운 일이 아님을 알게 된 스님은 더욱 기도에 정진하면서, 이곳에 절집을 짓기로 마음을 먹었다.

다시 며칠 뒤, 스님이 기도를 올리고 있는 중에 다시 산신령이 나타나 "자식이 없는 아낙네가 이 나무에 기도를 드리면 자식을 얻게 될 것이고, 그 자식들은 부귀영화를 얻게 돼 부처님을 영화롭게 모실 것"이라고 말하며 사라졌다.

스님은 그곳에 초막을 짓고, 산 아래 마을로 내려가 자손이 없는 집안을 찾아다니며 산신령의 뜻을 알렸고, 마을 아낙들이 하나 둘 이 나무를 찾아와 기도를 올리고 자식을 얻게 되었다고 한다. 나무로부터 생명을 얻게 된 아이들은 산신령의 말대로 부귀영화를 얻게 됐고, 바로 이 은행나무 앞에 절집을 짓기 위해 재물을 내놓았다. 그 후 몇십 년 후 산신령의 말대로 그 자손들에 의해 사찰이 지어졌고, 부처님의 손길이 자손만대에 전해지길 바라는 마음에서 그 노승은 사찰의 이름을 홍주사라고 지었다.

이러한 전설 때문인지 아이를 낳지 못하는 부인들이 자주 이곳을 찾는다고
한다.

:: 전설 2

지금으로부터 300여 년 전 어느 지역에 남부럽지 않게 사는 부부가 있었다.
이 부부가 사는 집안에는 대대로 자손이 귀해 많은 형제를 가진 집안에서 며
느리를 데려왔지만 어찌된 일인지 20년이 지나도록 태기가 없었다. 그로 인
하여 집안은 불안해지기 시작했고 자식을 낳지 못하는 부인은 눈물로 세월
을 보내야 했다.

시어머니는 며느리를 다시 봐야겠다고 이야기하였지만 그들 부부는 그럴수
록 정이 더욱 두터워져만 갔다. 남편이 마지막으로 산신령에게 기도를 해보
자며 부모의 승낙을 얻어 유명하다는 사찰을 찾아 금강산에 들러 불공을 드
리고, 그 아래의 아들바위에서 백일기도를 드렸지만 소식은 없었다.

결국 부인은 죽기로 결심하고 남편 몰래 낭떠러지 위로 올라가 떨어지려 하
는데 위에서 큰 소리로 외치는 소리가 있어 돌아다보니 머리가 하얀 노인이
긴 지팡이를 들고 노기 띤 얼굴로 외쳤다. "여보시오. 그대는 사람이 죽어 또
다시 사람으로 태어난다고 생각하시오. 목숨은 한번 끊어지면 그만인 것, 당
신 생각만 하지 말고 남편 생각도 해야 하지 않소. 여기서 죽으면 따라다니며
기도하던 남편은 무엇이 되겠소."

그러자 부인은 울면서 죽으려고 했던 사연을 이야기하였다. 그 노인은 웃으
면서 이곳은 산수가 화려하기는 하지만 그대에게는 맞지 않는 산이니 이곳에
서 우물대지 말고 충청도의 서해안 지역으로 가라고 말하였다. 그곳에 가면
한양 쪽을 향해 춤을 추는 팔봉산이 있고 그 뒤로 백화산 천을봉에 흥주사가
있는데 그곳에 500여 년이 훨씬 넘은 은행나무가 있을 것이니, 그 나무 아래

에서 200일 간 기도를 드리면 자식을 얻을 것이라고 말하였다. 이 말을 들은 부인은 너무도 고마워서 머리를 수그렸다가 한참 만에 얼굴을 들어보니 조금 전까지 있었던 노인은 그림자도 보이지 않은 채 사라져 버렸다. 그 노인의 말 대로 흥주사 은행나무 밑에서 기도를 한 여인은 아들을 얻었다고 한다.

:: 제례

이 은행나무 인근에서는 매년 10월 마을주민들이 참석한 가운데 제사가 열린 다. 이 제사는 은행나무가 건강해야 마을이 평안하고 후손이 번창한다는 주 민들의 믿음에서 비롯되었다고 하는데, 주민들은 은행나무에 막걸리를 올리 며 마을의 안녕과 평안을 기원한다.

대웅전으로 가는 길목을 지키고 서 있는 흥주사 은행나무 ◉ 충청남도 태안군 태안읍 상옥리 1154번지

충청남도 연기군 남면 양화리(陽化里)에는 두 그루의 은행나무가 자라고 있다. 이 나무들은 2001년 6월 30일 시도기념물 제157호로 지정되었다. 부안임씨 전서공파종중에서 소유, 관리하고 있는 이 은행나무는 수령 670년, 높이 18-20m이다.

은행나무는 전월산(轉月山) 자락 아래에 자리 잡은 숭모각(崇慕閣) 앞에서 자라고 있다.[47] 숭모각은 임난수 장군의 충절을 기리는 사당이며 숭모각 건물을 바라볼 때 좌측에 있는 것은 암나무, 우측에 있는 것은 수나무이다.

47) 숭모각은 조선시대 숙종 때 창건되었으며, 1724년과 1964년에 각각 중건되었다. 현재의 숭모각은 1964년 3월에 건립하고 임씨 가문 15위의 위패를 봉안하고 있다.

:: 나무 유래

고려시대 말 최영 장군과 함께 탐라(제주도) 정벌에 공을 세우고 공조전서
를 지낸 임난수(林蘭秀, 1342-1407) 장군은 멸망한 고려를 생각하는 마음으
로 은행나무를 심었다. 임난수는 태조 이성계가 조선을 건국하자 벼슬을 버
리고 공주 금강 변의 삼기촌(三岐村, 현 양화리)에 은거하였는데 이성계가 여
러 번 벼슬을 주어 불렀으나 끝까지 응하지 않고 고려에 대한 절의를 지켰다.
임난수 장군이 낙향하여 숭모각 앞에 심은 암수 한 쌍의 은행나무가 오늘날
까지 무성하게 자라고 있어 충절의 상징으로 여겨지고 있다.

이 은행나무는 나라에 큰 변고가 발생할 때 마다 울었다고 한다. 1910년 한일
합병, 1950년 한국전쟁 때에도 울었다. 이처럼 큰일이 있을 때마다 울었다는
얘기가 전해지고 있어 충절의 상징으로 여겨지고 있다. 일제 강점기에 한 일
본인이 이곳의 나무를 베려고 했는데, 은행나무가 울어 결국 베지 못하였다
는 이야기도 전해진다.

임난수 장군을 기리는 숭모각 앞뜰 좌우에 서 있는 두 그루의 양화리 은행나무 ● 충청남도 연기군 남면 양화리 88-5

51 예산 대흥향교 은행나무

시도기념물 대전 · 충남 – 8

대흥향교 은행나무는 대흥향교(大興鄕校)의 입구 부근에서 자라고 있다. 이 나무는 시기상으로는 고려시대에 심어진 것으로서 수령 700년, 높이 30m의 수나무이며, 지상에서 3m지점에서 가지가 4개로 나뉘어졌다. 이 나무는 2002년 8월 10일 시도기념물 제160호로 지정되었다. 소유자는 대흥향교이며 대흥면에서 관리하고 있다.

:: 향교 연혁

대흥향교는 예산군 대흥면 교촌리에 있는 향교로서 1997년 12월 23일 충남기념물 제136호로 지정되었다. 이 향교는 1405년(조선 태종 5)년에 유현(儒賢)의 위패(位牌)를 봉안, 배향하고 주민의 교육과 교화를 위하여 창건되었다. 경사진 구릉지에 있으며 전면에는 명륜당, 후면에는 대성전이 있는 전학후묘식(前學後廟式) 배치이다. 현존하는 건물로는 대성전 · 명륜당 · 동무 · 서무 · 삼문 등이 있다. 대성전 안에는 5성(五聖: 공자 · 맹자 · 자사 · 증자 · 안자), 공문 10철(孔門十哲), 송조 6현(宋朝六賢), 한국 18현(十八賢)의 위패가 봉안되어 있다.

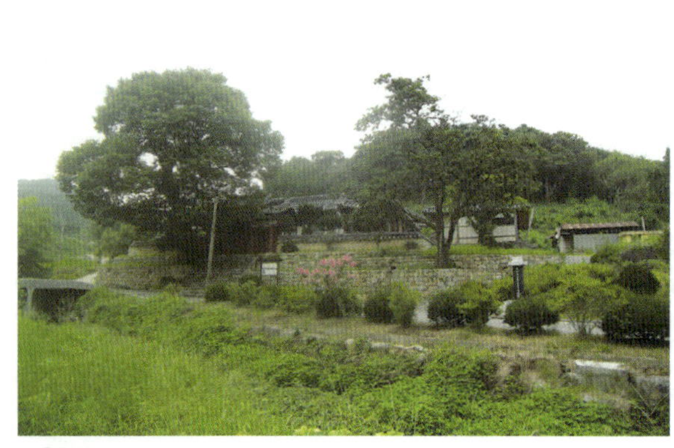

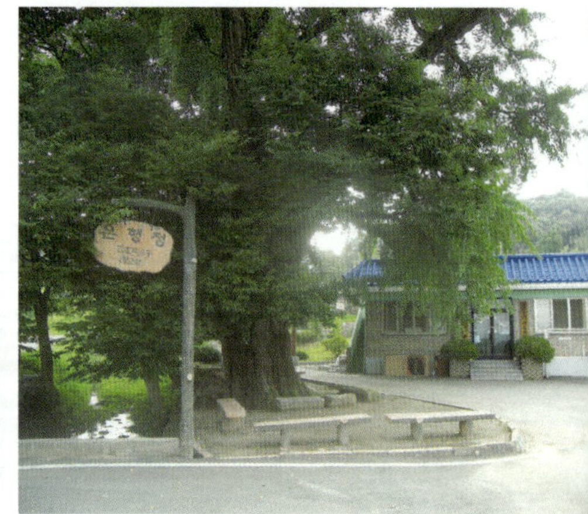

대흥향교

:: 나무 상태

썩은 부위는 보이지 않으나 곳곳에 굵은 가지가 잘라진 흔적이 있는 것으로 보아 관리상 정리한 것으로 보인다. 줄기가 쇠약하고 원줄기 끝 부분은 죽어가고 있다.

:: 나무 특색

다른 나무에서와 마찬가지로 나무 안의 줄기를 카메라에 담고 있었는데 은행잎이 아닌 잎사귀들이 자꾸 눈에 들어왔다. 처음에는 은행나무 옆에서 자라고 있는 두 그루의 느티나무 가지들이 은행나무 안쪽으로 뻗어들어 온 것으로 생각했다. 그런데 나무껍질의 모양과 색깔이 다른 것이 보여 자세히 보니 느티나무가 은행나무 안에서 자리를 잡고 있는 것을 알게 되었다. 느티나무의 줄기가 워낙 강성하게 자라난 탓에 은행나무의 한 줄기인 것으로 착각하게 만든 것이다.

나무줄기 중앙에 움푹 파인 분지 비슷한 공간이 있는데, 바람을 타고 날아온 먼지, 미량의 흙과 낙엽 부스러기, 그리고 나무의 수분으로 인해 느티나무 씨가 발아한 것이다. 지상에서 높이 3m 되는 지점에 은행나무 가지가 위와 옆으로 갈라져 성장하는 부분에 느티나무가 자리를 잡았는데, 꽤나 굵어 보였다.

은행나무와 같이 사는 느티나무(중앙 왼쪽의 병모양)

마을회관 앞, 대흥향교 입구에 자리하고 있는 이 은행나무는 향교와 더불어 인근 주민들의 정서에 기여하는 바가 크며, 마을 주민들이 안녕을 기원하는 신앙적 대상으로 섬기고 있다. 교촌리 마을 주민들은 약 300여 년 전부터 매년 정월 초순 마을의 무사태평을 기원하는 성황제를 지내고 있다. 민속적인 측면과 생물학적인 측면에서 보존가치가 큰 나무이다.

마을회관 앞 쉼터로 이용되고 있는 대흥향교 은행나무 ◉ 충청남도 예산군 대흥면 교촌리 538번지

복모리 은행나무는 수령 520년, 높이 30m의 암나무이다. 안내판에는 나무 높이가 30m로 되어 있으나 실제로는 그보다는 조금 낮아보였다. 나무의 형태는 원추형이고 뿌리가 지상으로 많이 뻗어 올라와 있다. 은행나무는 벼락을 막기 위한 피뢰침과 같이 서 있다. 피뢰침 설치 당시에는 나무보다 높았을 텐데 지금은 나무가 약간 높은 편이다. 예전에는 동네 사람들이 나무 밑에 모여 바람을 쐬며 휴식을 취했지만 지금은 주민들이 나무 밑으로 모이는 일은 없다고 한다.

:: 나무 상태

오래 전 나무 지상부(북향)에는 썩어서 구멍이 생겨 사람들이 들어갈 수 있었다고 한다. 지금은 시멘트를 발라놓았는데 딱따구리가 나무의 이곳저곳을 쪼아 여러 개의 구멍을 만들어 놓았다.

근년에 나무의 일부 가지가 땅에 늘어지게 되자 마을주민들이 천안시에 건의
하여 가지 중간을 잘라냈으며, 가지 하나는 지지대를 만들어 받쳐주었다.

:: 일화

복모리 은행나무를 찾았을 때 나무 옆에서 밭일을 하고 있던 조중휘 씨(81세)
는 자신의 동생이 어렸을 때 이 은행나무 20m 높이에서 장난치다가 땅에 떨
어졌는데 다치기만 하고 죽지 않아 은행나무에 대해 고맙게 생각한 적도 있
었다는 일화를 전해주었다.

:: 전설

복모리 은행나무는 난리가 날 때마다 왕벌떼가 나무 주변으로 날아왔다고 한다. 갑오경장 때에도 벌떼가 몰려와 이 나무를 보호했다고 한다.

:: 제례

과거에는 음력 정월 초이튿날에 제사를 지냈으나 지금은 주민들이 나무 밑에 모여 제사를 지내는 일은 없다고 한다.

딱따구리 구멍이 많은 복모리 은행나무 ● 충청남도 천안시 성환읍 복모리 산 334-2번지

현충사 경내 충무공 고택 옆 활터에 수령 500년 된 은행나무 두 그루가 나란히 자라고 있다. 나무 높이는 각각 25m이며, 모두 암나무이다.

이곳에 활터를 조성하면서 은행나무를 심은 것으로 보이나, 정확한 유래는 알 수 없다. 활터는 이순신 장군이 활을 쏘던 장소로서 남쪽에 있는 과녁과의

충무공 이순신의 숨결이 느껴지는 현충사 은행나무 ● 충청남도 아산시 염치읍 현충사 길 67

거리는 145m이다. 활터를 둘러싼 방화산의 능선을 따라 말을 달리던 이곳을 치마장이라고 부른다. 이곳에 두 그루의 은행나무가 듬직하게 서서 과녁과 방화산을 내려다보고 있다.

맹사성 고택에는 630년 된 두 그루의 은행나무가 자라고 있다. 이 은행나무는 200-300년 전부터 근 맹아가 원목 사방에서 자라나 지금과 같은 거목으로 자라난 것이라고 한다.

고택 마당에서 보았을 때 왼쪽 나무에는 돌로 단을 쌓았고 오른쪽 나무는 단을 쌓지 않았다. 무슨 이유인지는 알 수 없으나 차이를 둔 것은 분명하다. 두 그루 모두 암나무이며 왼쪽나무는 높이가 25m, 오른쪽도 25m(안내문 35m) 정도이다.

:: 나무 유래

맹사성 고택의 은행나무는 두 그루가 나란히 서 있어 이를 쌍행수(雙杏樹)라고 부른다.[48] 이 나무는 1982년 11월 1일 보호수로 지정되었다.

이들 은행나무는 조선시대 세종 때 좌의정으로 봉직하고 청백리로 유명한 맹사성 정승이 1380년경에 심은 나무로서 당시 맹사성은 이 나무를 보호하기 위해 축대를 쌓고 단을 만들었는데, 뜻있는 자들과 강학하던 자리라는 뜻에서 이곳을 '행단'이라 칭하였다.

:: 나무 상태

이 나무는 뿌리에서 사방으로 새로운 움이 돋아나 지금 같은 거목이 되었으나 원목의 동공 내부가 부패하여 1987년에 인공수피 수술을 받았다.

오른쪽 나무의 중심 줄기는 시멘트로 발라 부식을 처리하였다. 왼쪽 나무는 가지 일부에 시멘트를 발랐다. 대체로 생육상태는 양호한 편이다. 오른쪽 나무도 원줄기 부식된 부분을 제외하면 발육상태는 좋아 보인다.

:: 건물 유래

사적 제109호로 지정된 아산시 배방면의 맹씨행단(孟氏杏亶)은 문자 그대로 은행나무 단이 있는 맹씨 가문의 집이다.[49] 조선시대 세종 때 좌의정 고불 맹사성(孟思誠, 1360-1438)의 옛 집이다. 고려시대 말 최 영 장군이 그를 손녀사위로 맞으면서 그 집을 물려준 것이다.

맹사성 고택은 1330년(고려 숙종왕 17년) 2월 무민공 최영의 부친인 최원직이 건축했다고 전하며, 실제로 무민공이 거처했던 집이다.

1388년(우왕 4) 이성계의 위화도 회군에 따른 정란으로 무민공이 죽임을 당하여, 비어 있던 집에 맹사성의 아버지 맹희도가 정란을 피해 한산을 거쳐 이곳으로 거처를 옮겨 은거하였다.

1482년, 1642년, 1811년, 1929년에 각각 중수한 기록이 있다. 고택 가구부(架構部)에 남아있는 고부재(古部材)와 창호 등이 견실한 고법을 간직한 고려시대의 귀중한 건축물이다.

맹씨행단 경내 세덕사(世德祠)에는 고려시대 말 두문동(杜門洞) 72현인 맹유, 맹희도, 맹사성의 위패를 모셨고, 구괴정(九槐亭)에는 세종 때 황희, 맹사

성, 권징 등 3정승이 9그루의 느티나무를 심었다고 전하는데 그 중 2그루만
살아남아 자라고 있다.

정승 맹사성의 학문과 나무에 대한 정성이 느껴지는 맹사성 고택 은행나무 ● 충청남도 아산시 배방면 중리 300번지

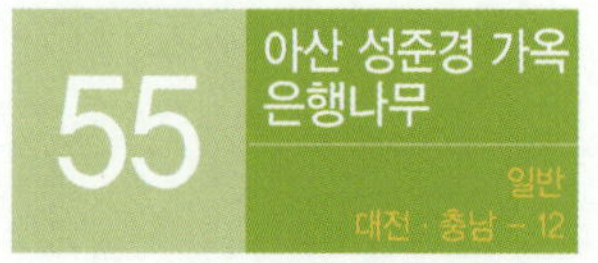

성준경 가옥 경내에 두 그루의 은행나무가 있다. 가옥에서 서쪽 정문을 바라보았을 때 오른쪽에 있는 나무는 수령 360년, 높이 25m, 왼쪽 나무는 수령 150년, 높이 25m 정도이다.

오른쪽 나무는 위로 곧게 뻗어 올라간 것이 특징인데, 썩은 부위가 보인다. 지상 1m 지점에 크게 두 갈래로 갈라지고 다시 2-3m 지점에서 8개 가지로 갈라졌다.

:: 건물 연혁

조선시대 가옥인 성준경 가옥(成俊慶家屋)은 충남 아산에 소재하고 있으며,

1984년 12월 24일 중요민속자료 제194호로 지정되었다. 조선시대 중부지방 가옥의 특색을 지니고 있는 기와집이다. 울창한 나무숲으로 둘러싸인 완만한 경사지에 자리 잡은 한옥이다. 1989년의 보수공사 때 발견된 상량문에 의하면 이 가옥의 건립연도는 1825년이다.

:: 정원

숲으로 둘러싸인 진입로 입구에는 은행나무 두 그루를 비롯하여 소나무와 보기에 좋은 여러 종류의 나무들이 자라고 있다. 지형을 이용하여 적당히 축대를 쌓아 전통 가옥에서 흔히 보는 매화나무, 비자나무, 소나무, 향나무, 감나무 등이 심어져 있다.

아름다운 정원이 있는 성준경 가옥의 은행나무 ● 충청남도 아산시 도고면 시전리 528번지

아산 공세리 성당 은행나무

일반
대전 · 충남 – 13

공세리 성당에 들어서면 오래된 나무들이 눈에 띤다. 나무가 많고 분위기가 좋아서 인지 드라마 '모래시계', 영화 '태극기 휘날리며', '불새', '고스트맘마' 등에서도 공세리 성당이 배경이 되었다. 이곳에 수령 50-60년 정도의 은행나무가 2그루 자라고 있다.

:: 성당 연혁

공세리 성당은 1895년에 세워졌다. 지금의 고딕 양식 성당은 프랑스 출신의 드

비즈 신부가 1922년에 지은 것으로 성당 터는 조선시대 충청도, 전라도, 경상도 일대에서 거둔 조세를 쌓아두었던 공세창고가 있던 자리다.[50]

50) 공세리 성당 홈페이지 자료 http://gongseri.yesumam.org/

공세리 성당은 천주교 신자들에겐 순교 성지이다. 아산, 서산, 당진, 홍성, 예산 등의 내포 지방은 순교자들이 유독 많은 곳이다. 중국과의 교역이 활발하여 천주교가 다른 지방에 비해 먼저 전래됐기 때문이다. 공세리 성당 출신의 순교자는 28명이며, 이 중 박의서, 박원서, 박익서 3형제 순교자의 묘가 지금도 남아 있다.

:: 이명래 고약

'이명래 고약'은 공세리 성당에서 유래한다. 이조참판을 지낸 박만선이 이 일대 사람들이 너무 가난하게 사는 것을 보고 간척사업을 벌였다. 그리고 대를 이어 80년 동안 이어진 어렵고 힘든 간척사업에 고된 노동으로 몸이 닳고 헐어 고생하는 일꾼들을 위해 고약을 개발한 사람은 바로 성당을 지은 드비즈 신부였다. 자신이 직접 한방의술을 활용, 한약을 조제하였다. 처음에는 드비즈 신부의 한국 이름을 따서 '성일론(成一論) 고약'으로 출시했는데, 나중에 고약 제조 비법은 드비즈 신부의 일을 돕던 이명래에게 전수되어 '이명래고약'이 나오게 되었다.

:: 공세리

공세리는 조선시대에 충청도 일대에서 관곡을 수합하여 서울로 운송해 가던 창고집이 있던 곳이다. 마을 이름도 세금을 바치던 공세 창고가 있는 곳이라는 데서 온 것이다.

그런데 물이 얕아져 공세나루가 폐쇄되고 아산만에서 삽교천에 이르는 방조제 공사가 이루어지면서 걸매리 마을이 형성되었다.

공세리 앞 방조제 공사는 걸매리에서 살다가 순교한 박씨 3형제의 증조부인 박만선이 통진 부사에서 물러나온 뒤 시작하여 준공하지 못하고 1782년에 사망하자, 그의 아들 박종학이 1784년부터 뒤를 이어 계속하여 준공하였다.

공세리 성당이 위치하고 있는 아산만과 삽교천은 해상과 육로가 연결되는 중요한 포구였다. 현재 성당이 위치한 31,350m²의 부지는 예로부터 공세곡창고지(貢稅穀倉庫地)로 유명한 곳이다.

1895년 프랑스인 드비즈 신부가 이곳에 와서 공세 창고를 헐고 성당을 세웠다. 1895년 당시에는 동네 한가운데 있는 가정집을 성당으로 사용했었으나 1897년 창고 건물을 헐고 구 성당 건물(구 사제관)과 구 사제관 건물(현 회합실, 창고)을 지었다. 드비즈 신부는 자신이 직접 성당을 설계하고 지휘 감독하여 1922년 10월 8일 현재의 성당을 완공하였으며, 1930년까지 공세리에서 사목하였다.

<table>
<tr><td>

57

논산 이삼 장군
고택 은행나무

일반
대전·충남 - 14

</td><td>

이삼 장군 고택은 1985년 12월 31일 충청남도 민속자료 제7호로 지정되었다. 이 가옥은 이삼장군(1677-1735)이 이인좌의 난을 평정한 공을 세워 함

</td></tr>
</table>

은군(咸恩君)에 봉해지면서 건립비용이 하사되어 지어진 집이다.[51] 이곳에 수령 300년, 높이 23m의 은행나무가 자라고 있다.

51) '이인좌의 난'은 조선시대 후기 이인좌 등의 소론(少論)이 주도한 반란이다. 소론(少論)은 경종 연간에 왕위 계승을 둘러싼 노론과의 대립에서 일단 승리하였으나, 노론(老論)이 지지한 영조가 즉위하자 위협을 느끼게 되었다. 이에 박필현 등 소론의 과격파들은 영조가 숙종의 아들이 아니며 경종의 죽음에 관계되었다고 주장하면서 영조와 노론을 제거하고 밀풍군 탄(密豊君坦)을 왕으로 추대하고자 하였다. 여기에는 남인들도 일부 가담하였다. 한편 이들의 거병에는 유민(流民)의 증가, 도적의 치성, 기층 민중의 저항적 분위기가 중요한 바탕이 되었다. 그리하여 반군은, 지방의 사족과 토호가 지도하고 중간계층이 호응하며, 일반 군사는 점령지의 관군을 동원하거나 임금을 주어 동원하는 형태로 구성되었다. 이인좌는 1728년(영조 4년) 3월 15일 청주성을 함락하고 경종의 원수를 갚는다는 점을 널리 선전하면서 서울로 북상하였으나 24일에 안성과 죽산에서 관군에 격파되었고, 청주성에 남은 세력도 상당성에서 박민웅(朴敏雄) 등의 창의군에 의해 무너졌다. 다른 지역에서도 대부분 관군에 의해 토벌되었다. 난의 진압에는 오명항(吳命恒) 등 소론 인물들이 적극 참여하였으나, 이후 노론의 권력장악이 가속화하였고 소론은 재기불능의 상태가 되었다. 이 사건 이후 정부에서는 지방세력을 억누르는 정책을 강화하였고 토착세력에 대한 수령들의 권한이 커져갔다. 또한 이때 반군이 군사를 동원한 여러 방식은 뒤의 홍경래의 난으로 이어졌다.

이 은행나무를 찾았을 때 나무 밑에 수 없이 많은 은행이 떨어져 있었다. 나무에도 아직 수 없이 많은 열매가 달려있었다. 재래종이기에 열매의 크기는 작았으나 다산하는 나무임에는 틀림이 없었다.

:: 이삼 장군

이삼의 본관은 함평, 자는 원백이다. 1705년(숙종 31년)에 무과에 급제하였고, 정주목사를 거쳐 경종 때 포도대장이 되었다. 1725년(영조 1년)에 죄인을 신문한 사건에 연루되어 지금의 경상남도 사천에 유배되었다. 그 뒤 복관되어 공을 세웠으며, 벼슬이 공조판서에 이르렀다. 여러 무술에 정통하였다.

서산향교에는 3그루의 오래된 은행나무가 자라고 있다. 명륜당 앞 뜰(관리동 뒷마당)에 수령 600년, 높이 33m의 보호수 은행나무가 있고, 대성전 앞마당에도 2그루의 은행나무가 있는데 이들 나무도 보호수로 지정해도 손색이 없을 정도이다. 세 그루의 은행나무가 모두 암나무이다.

관리동 뒷마당의 은행나무가 워낙 크고 특징적이어서 대성전 앞마당의 두 그루 은행나무는 실제보다 작게 느껴진다.

:: 향교 내력

서산향교는 조선시대 태종 6년(1406)에 서산향교(瑞山鄕校)를 서문(西門)밖에 건립(建立)하였던 것을 선조 7년(1574)에 당시 군수(郡守)였던 최여림에

의해 현재의 동문동(東門洞)으로 옮겨졌다.

:: 나무 유래

관리동 뒷마당의 은행나무는 600년 전에 향교가 건립될 때 심어진 나무이다.

:: 나무 특징

서산향교 은행나무에서는 신기한 두 나무의 동거현상을 볼 수 있다. 600년
수령의 은행나무에 1-2살 된 단풍나무가 뿌리를 내려 정착한 것이다. 단풍나

40-50cm의 나무고드름

중앙줄기와 왼쪽 줄기 사이에 가늘게 단풍나무가 보인다.

무의 줄기가 1m를 넘는 것으로 보아 이 단풍나무는 1-2세로 추정되었지만 아깝게도 최근 향교관리인이 나무관리 차원에서 단풍나무를 잘라냈다. 하지만 아직도 10cm 정도의 단풍나무 줄기가 자라는 것을 볼 수 있다.

또 다른 특징은 나무고드름이다. 아주 인상적인 모양과 크기의 나무고드름이 10여 개를 넘는다. 특이한 것은 나무 밑동 뿌리 지상부에서도 나무고드름이 있다는 것이다.

수많은 나무고드름으로 유명한 서산향교 은행나무 ● 충청남도 서산시 동문동 580번지

6. 전주·전북

팔효사는 나주 나씨 가문의 효자들을 기리기 위해 건립된 사당이다. 팔효사 은행나무는 수령 550년, 높이 16m의 노거수이다. 팔효사 경내에 있으며 나주 나씨 문중(羅州羅氏門中)에서 관리하고 있다. 이 나무는 1996년 3월 29일 시도기념물 제89호로 지정되었다.

:: 사당 유래

팔효사(八孝祀)는 나주 나씨 문중 3세대에 걸친 8명의 효자에 대한 효행을 기리기 위하여 1629년(조선시대 인조 7년)에 창건되었으며, 1868년(고종 5년)

에 서원철폐령으로 인하여 철거되었다가 1965년에 중건되었다.

:: 나무 유래

은행나무는 팔효사의 주벽(主壁, 사당에서 주장이 되는 위패) 나안세의 부친 나보중이 심었다고 한다. 나씨 문중에서는 장원급제 등 경사가 있을 때, 이 나무에 큰북을 매달아 쳤다고 하며, 또한 효자가 날 때마다 이 나무는 잎만 피어났으며, 그로부터 3년이 지나서야 열매를 맺었다고 전해진다.

:: 위치

김제역 정면을 바라보고 가다가 우회전하여 조금 가다보면 왼쪽에 새한아파트가 보이는데 그 아파트를 지나면 작은 사거리가 나온다. 그 사거리에서 좌회전하면 오른쪽에 '삼일 카센타'가 있고 그 옆에 팔효사와 은행나무가 보인다.

공덕면 은행나무는 수령 650년, 높이 15m의 암나무이다. 가지뻗음은 동서로 25m, 남북으로 25m에 달하는 수세가 왕성한 나무이다. 여러 개의 가지가 사방으로 갈라져 있으며 마을 주민들의 쉼터가 되고 있다. 이 나무는 2000년 7월 7일 시도기념물 제106호로 지정되었다.

늘 당신 곁에 있겠습니다. 저를 사랑해 주세요

-은행나무-

이 나무를 찾은 것은 한여름인 8월 11일이었는데, 나무 밑에서 더위를 식히고 있던 마을사람들에게 이 나무에 전설이 있느냐고 물었더니 특별한 전설은 없다고 한다. 밑으로 처지는 나무줄기를 떠받치기 위한 지지대에 선풍기가 달려 있는 것이 이색적이다.

:: 제례

마을 사람들은 해마다 음력 1월 3일에 나무 밑에 모여 마을의 안전과 평안을 기원하는 제사(당산제)를 지내고 있다.

마을 주민들에게 휴식공간을 제공해 주는 공덕면 은행나무 ● 전라북도 김제시 공덕면 마현리 816-1번지

익산시 성당면 성당리 포구에 있는 이 은행나무는 주민들의 사랑을 받으며 성장해 온 나무이다.

조선시대 현종 3년(1662)에 성당창이 설치되면서 조운선(漕運船)의 무사항해, 마을의 안녕과 풍어를 기원하는 당산제가 행해졌다고 한다. 성당포구 근처에 있는 이 은행나무의 수령은 500년으로 추정된다. 나무높이 15m이고, 가지는 남북으로 18m, 동서로 16m에 달한다. 이 나무는 2000년 11월 28일 시도기념물 제109호로 지정되었다.

:: 나무 특징

이 나무는 한 여름에 벌써 은행열매가 떨어지고 있었다. 이 나무를 찾았을 때 약 15-20초 간격으로 계속하여 열매가 떨어지는 것을 보았다. 8월 중순이었고 바람이 불고 있지 않았기 때문에 그렇게 많은 열매가 떨어지는 것이 의아스러웠다. 나무 밑의 수풀을 제치고 보니 이미 수많은 열매가 떨어져 있었다. 은행열매가 너무 많이 달려서 자기 조정기능에 의해 떨어지는 것으로 보인다.

:: 마을 유래

성당면(聖當面)이란 명칭은 조선시대 효종(1658-1895) 때 개설된 금강 가에 있는 성당창에서 나온 것으로 처음은 번성한 포구라는 뜻으로 성(盛)으로 썼는데 나중에는 성(聖)으로 바뀌었다.

성당포구에는 성당창이 있어 익산지역 일원과 고산, 임피, 남원, 운봉, 진산, 금산 등 10개 군현의 세곡(稅穀)을 받아들여 배로 실어 나르던 수운 교통의 요지였다. 1895년(고종 32년) 이후 성당창은 폐쇄되었다.

:: 제례

무성한 줄기와 함께 아름다운 모습을 자랑하는 이 은행나무는 오늘날에도 마을의 안녕과 무사함을 기원하는 '성포 별신제'의 장소로 사용되고 있다.

신비함이 느껴지는 익산 성당면 은행나무
● 전라북도 익산시 성당면 성당리

익산향교 은행나무는 수령 600년, 나무 높이 16m의 암나무이다. 지상 3m에서 4개의 가지가 나뉘고 자라고 있다. 나무줄기 일부가 절단된 점을 감안할 때, 현 상태보다 나무의 높이와 가지의 크기가 훨씬 컸을 것으로 추측된다. 향교 안 마당에 있는 이 은행나무는 명륜당 건물과 마주보고 있다. 이 나무는 2001년 12월 27일 시도기념물 제113호로 지정되었다.

:: 나무 유래

향교에 있는 대부분의 은행나무들이 그러하듯이 이곳의 은행나무도 향교 건립 시에 심어진 것으로 보인다. 이 은행나무는 유교 교육의 상징인 행단(杏亶)의 의미가 있다.

:: 향교 연혁

익산향교는 조선시대 향교로서 1398년(태종 7년)에 창건되었다. 그 후 선조 때 임진왜란으로 말미암아 소실된 것을 중건한 것이다.

향교 정문에 자리를 깔고 더위를 식히고 있던 마을 할머니들에게 이 은행나무에 전설이 있느냐고 물었더니, 한 분이 특별한 전설은 없고, 예전에는 능구렁이가 은행나무 속에 살고 있었다고 한다. 나무 밑 부분이 썩어서 커다란 구멍이 있었는데 그곳에 능구렁이가 살고 있었고 그 뱀이 우는 소리를 두 번 들었다고 한다. 다른 할머니는 나무 안에 뱀은 살고 있었지만 자신은 뱀이 우는 소리는 못 들었다고 한다. 지금은 흙과 시멘트로 썩은 부분에 외과수술을 하였지만 오래 전에는 나무 안에 뱀이 살았던 나무이다.

유교 교육이 행해지던 익산향교의 은행나무
● 전라북도 익산시 금마면 동고도리 389-1(익산고등학교 옆)

남원시 사매면 계수리 수동마을에는 627년(백제 무왕 28년)에 심은 약 1,380년 된 은행나무가 있다. 나무높이 20m, 나무둘레 6m의 암나무이다. 이곳의 지명은 구선동의 제궁곡으로 이 나무의 기원을 살펴보면 용성지 기록에 "은행 1주가 사매면 노유암에 있으니 전하기를 중국 당나라 정관 시대(백제 무왕 28년-서기 627년)에 심었다 한다. 은행나무 아래에 제단이 있어 매번 가서 음식으로 예를 갖추었다."라고 전해진다. 수동마을은 옛날에 아홉 신선이 살았다하여 구선동(九仙洞) 또는 구수(九壽)라고 불러왔으며 삭녕 최씨 집성촌으로 타성(他性)이 없는 것이 특징이다. 삭령 최씨 통례공파 종중에서 관리하고 있다.

:: 나무 상태

1971년 마을의 젊은이들이 나무 위에 걸린 벌집을 제거하기 위해 불을 붙였다가 나무에 불이 붙어 나무를 태운 적이 있다고 한다. 나무는 그후 수세가 크게 약해졌다. 2001년 10월에 외과수술을 받았다.

:: 제례

마을사람들은 조선시대부터 봄과 가을이 되면 이
은행나무 밑에 단을 쌓고 음식을 차려 제를 올리고
함께 음식을 나누어 먹으며 즐겼다고 전해진다.

아홉 신선이 살았다는 전설 속의 사매제궁곡 은행나무 ● 전라북도 남원시 사매면 계수리 수동마을

전주향교는 조선시대 초기의 향교로서 1992년 12월 23일 사적 제379호로 지정되었다. 대성전(大成殿) · 명륜당 등 16동의 건물이 있으며, 전국 향교 중 유일하게 공자 · 맹자 · 증자 · 안자의 아버지 위패를 봉안한 계성사(啓聖祠)가 있고, 대성전 · 동무(東廡) · 서무(西廡)에 51선현의 위패가 봉안되어 있다.[52]

52) 전주향교가 이곳에 자리를 잡은 지는 약 400년이 지났다. 본래 1410년(태종 10년) 완산구 풍남동에 있는 경기전(慶基殿) 부근에 지었으나 1603년(선조 36년) 관찰사 장만(張晩)이 지금의 자리로 옮겼다.

전주향교에는 여러 그루의 은행나무가 있는데 그 중 5그루가 1982년 9월 20일 보호수로 지정되었다.

:: 나무 유래

400년 전 향교 건립을 기념하여 당시 경기전을 세운 목수 이수연이 동무(동문 행각)와 서무(서쪽 행각), 그리고 명륜당 앞에 모두 세 그루의 은행나무를 심었다. 김해동이라는 사람은 서문 앞에 한 그루를 심었고, 또 다른 사람은 대성전 우측에 한 그루를 심었다고 한다.

:: 다섯 은행나무

전주향교에는 보호수 은행나무 다섯 그루가 자라고 있다. 향교 정문을 들어서면 오른쪽에 한 그루(지정번호 9-1-7-2)가 있고, 대성전 뜰에 세 그루가 있다. 대성전을 바라 볼 때 오른쪽 옆에 한 그루(지정번호 9-1-7-1)가 있고 앞뜰에 좌우로 각각 한 그루(지정번호 9-1-4, 9-1-5)가 있다. 그리고 대성전 뒤쪽 명륜당에도 한 그루(지정번호 9-1-3) 있다.

명륜당

명륜당 앞 은행나무(9-1-3), 수령 410년, 높이 20m, ♂

대성전 바라볼 때 뜰 왼쪽 나무(9-1-4), 수령 430년, 높이 17m, ♂

대성전 바라볼 때 건물 오른쪽 나무(9-1-7-1), 수령 280년, 높이 10m, ♀

5. 대성전 바라볼 때 뜰 오른쪽 나무(9-1-5), 수령 430년, 높이 17m, ♀

6. 대성전 뜰 좌우의 은행나무(9-1-4, 9-1-5)

7. 대성전 바라볼 때 뜰 왼쪽 나무(9-1-4)

8. 향교 정문 담장 부근 나무(9-1-7-2), 수령 280년, 높이 16m, ♀

:: 나무 상태

대성전을 바라 볼 때 뜰 왼쪽 나무(9-1-4)는 벼락을 맞은 후 반쪽은 죽고 반쪽
은 살았는데, 몇 년 후에 죽은 부분 위로 다시 은행나무 줄기가 소생하여 뻗
어 올라왔다.

은행나무 숲을 이룬 전주향교. 나무 오른쪽은 명륜당 건물 ◉ 전라북도 전주시 완산구 교동 1가 26–3번지

<table><tr><td>

65 전주 한옥마을
은행나무

보호수
전주 · 전북 - 7

</td><td>

전주시 한옥마을 '은행나무길' 최씨 종가 앞에는 수령 600년의 큰 은행나무가 있다. 나무 높이 16m, 둘레 4.5m의 암나무이다. 전주 최씨 중랑장공파 종회

</td></tr></table>

에서 관리하고 있으며, 1982년 9월 20일 보호수로 지정되었다.

:: 나무 유래/특징

1383년(고려 우왕 9년)에 월당 최담 선생이 벼슬을 버리고 이곳으로 낙향한 후 정사를 창건하고 정원에 이 은행나무를 식재하였다. 그후 후손들이 은행나무를 소중히 여겨 보호, 관리해왔다.

이 나무에서 2005년경부터 자목 은행나무가 자라고 있다. 나무 밑동에서 새로운 싹이 트기 시작하더니 현재는 직경 8cm, 높이 2-3m 정도로 자라나 있다.

:: 민속

이 은행나무는 마을 아낙들이 소원을 비는 당산목으로 오랜 세월 존재해 왔으며, 신비와 경외의 대상이 된 나무이다.

은행나무 자목

근년 자라나기 시작한 자목이
화제가 되었던 전주 한옥마을 은행나무
◉ 전라북도 전주시 완산구 풍남동 3가 36−2번지

7. 광주·전남

66 화순 야사리 은행나무

천연기념물
광주·전남 - 1

화순 야사리 은행나무는 수령 500년, 나무높이 27m, 뿌리 근처 둘레 11.2m, 가지 길이 동서방향 24.3m, 남북방향 27.7m의 암나무이다. 야사리 마을의 민가 옆에서 자라고 있는 이 은행나무는 마을이 형성된 시기를 알려주고 있는 나무이기도 하다. 나무 앞으로는 '안심천'이라는 개울이 흐르고 있다. 최근 나무 옆에 피뢰침이 세워져 나무를 벼락으로부터 보호해 주고 있다.

:: 나무 유래

이 은행나무는 조선시대 성종(재위 1469-1494) 때 이곳에 마을이 형성되면서 사람들이 들어와 심은 나무이다.

:: 나무 상태

가지 사이에는 혹 또는 짧고 뭉뚝한 방망이처럼 생긴 나무고드름이 달려있
다. 중심 줄기의 한 가운데는 썩어서 비어 있고, 뿌리 근처에서는 새싹이 많
이 돋아서 자라고 있다.

지금의 줄기는 원줄기가 아니다. 썩어 없어져 버린 원줄기 주위로 돋아난 맹
아가 자라 완전히 둘러싸서 줄기처럼 된 것이다.

이 나무는 신통력이 있어서 우는 소리를 내어 전란과 나라의 불운을 미리 알렸다고 한다. 마을 사람들은 이 나무를 신성하게 여겨 수호신(守護神)으로 삼고 있다. 매년 정월 대보름에는 온 마을 사람들이 모여서 당산제(堂山祭)를 지내면서 새해 농사의 풍작과 행운을 기원하였다.[53]

53) 화순 야사리 은행나무 앞에서 지내는 제사에 관해서는 CD 자료가 있다. 문화재청편, '화순 이서면의 은행나무 당산제' (대전: 문화재청, 2004) 참조.

소박한 시골마을의 천연기념물 제303호
화순 야사리 은행나무
- 관리자: 화순군
- 전라남도 화순군 이서면 야사리 182-1

강진 성동리 은행나무는 수령 800년, 높이 30m, 가슴높이 둘레 6.8m, 수관 폭 동서 24.9m, 남북 23.1m의 암나무이다. 주간부는 약 5m까지 외줄기로 되어 있고 그 위부터는 몇 개의 줄기로 갈라져 있다. 주간부 가지는 외형적 손상 없이 완전하나, 서쪽 방향의 가지 한 개는 부러져있다.

은행나무 주변 마을에는 청동기 시대의 고인돌이 곳곳에 있어 이 일대의 역사가 깊음을 알 수 있다. 은행나무 뿌리 부근에도 평평한 넓은 바위들이 놓여 있는데 이것들도 무덤이다.

:: 나무 상태

은행나무의 뿌리가 민가의 부엌, 방 밑에까지 뻗어 있어 왕성한 수세(樹勢)를 보이고 있으며, 뿌리 부근에는 주민들이 휴식처로 이용하고 있는 큰 바위가 놓여 있다.[54] 나무의 모양이 곧고 아름답다. 수피도 깨끗하며 생육상태도 매우 양호하다.

54) 은행나무의 뿌리는 산소를 많이 요구한다. 큰 은행나무가 서 있는 지표 부근에는 굵은 뿌리가 많이 눈에 띈다. 작은 묘목의 경우도 지표부분에 잔뿌리가 많이 발생된 것을 볼 수 있다. 이것은 은행나무의 뿌리가 호흡할 때 많은 산소를 요구하기 때문이다.

:: 나무 위치

성동리 은행나무는 강진읍에서 북동으로 14.8km 떨어진 병영면 소재지에 위치해 있다. 이 지역은 고려시대에 도강(道康)현의 현청이 있던 곳으로서, 조선시대 초기 태종 17년(1417)에 병영을 설치하여 병마절도사를 둔 곳이기도 하다. 은행나무는 이곳에서 약 500m 정도 떨어진 거리에 있다. 은행나무는 마을 중앙에 우뚝 솟아 마을의 상징목이 되어 있다.

:: 전설/제례

옛날 이곳에 내려온 관리(전라도 병마절도사)가 폭풍으로 부러진 은행나무 가지로 베개를 만들어 사용하다가 병이 들었다. 병을 치료하기 위해 명의를 찾아 치료했지만 백약(百藥)이 무효하였다. 그러던 중 한 노인이 "은행나무에 그 베개를 붙여주고 제사를 지내면 병이 나을 것"이라고 하여 그 말을 따라 하였더니 병이 나았다고 한다.

이후로 마을에서는 이 일을 기려 매년 음력 2월 15일 자정이 되면 은행나무 앞에서 마을의 평안과 풍년을 기원하는 제사를 지냈으며, 이러한 풍습은 지금도 이어져 내려오고 있다.[55]

55) 하멜기념관 안내 책자(병영, 그 숨결을 느끼다).

이곳의 나무는 일명 '하멜 은행나무'라고 불리는데 그렇게 된 사유는 네덜란드 출신 헨드릭 하멜(Hendrik Hamel) 일행이 1656년 3월부터 1663년 2월까지 약 7년간 병영면에서 억류 생활을 하면서 은행나무 노거수를 보았다고 '하멜표류기'에 적고 있기 때문이다. 최근 천연기념물 제385호로 지정된 이 나무에는 이런 팻말이 붙어있다. '이 지역은 네델란드인 하멜 일행이 1656년 3월부터 1663년 2월까지 약 7년 간 억류생활을 했던 곳이다. 하멜 일행 33명은 이곳에서 생활하면서 몇몇은 결혼해 살기도 하였으며 생계를 위해 잡역을 하거나 나막신을 만들어 팔았고 춤판을 벌여 삯을 받기도 하였다. 우리나라 나막신이 일본 나막신과 달리 네델란드 나막신과 같이 통으로 만들어진 것을 볼 때 이들이 나막신 제작 기법을 전래한 것이 아닌가 추측되기도 한다.

하멜기념관과 그 내부

은행나무와 고인돌

또 이 지역 일부에 남아 있는 담장 중에 빗살모양으로 쌓인 담장이 있어 하멜 일행이 잡역을 하면서 쌓았을 것으로 생각하는 사람도 있다. 하멜 일행은 이곳 은행나무 밑에서 수인산성(修仁山城)을 바라보면서 고향생각을 했다고 한다.[56]

하멜은 네덜란드 호르큼 시에서 태어났으며, 무역을 하기 위해 일본으로 배를 타고 가던 중 폭풍우를 만나 표류하다가 우리나라에 오게 되었으며 1656년부터 1663년까지 강진 병영에서 7년간 체류하였다. 하멜은 1666년 우리나라를 탈출하여 일본으로 갔다가 다시 네덜란드로 돌아갔으며 '하멜표류기'를 지어 우리나라의 실상을 유럽세계에 알렸다.

네덜란드인 하멜을 떠올리게 하는 천연기념물 제385호 강진 성동리 은행나무
● 관리자: 강진군 ● 전라남도 강진군 병영면 성동리 70

담양 봉안리(鳳安里) 은행나무는 수령 500년, 나무높이 33m, 가슴높이 둘레 8.5m의 암나무이다 (2006.08.08 실측).

이 나무는 봉안리(술지마을) 중앙에 위치하고 있으며, 마을 외곽에 있는 느티나무와 함께 마을을 지키고 있다. 주민들은 이 나무들을 마을의 안녕과 풍년을 기원하는 당산나무로 기려오고 있다.

15번 국도를 따라 가다가 무정면사무소 이정표를 보고 진입하면 면사무소 뒤편에 높이 자란 은행나무를 볼 수 있다. 가까이 가서 자세히 보니 이 나무는 벌, 버섯, 새, 각종 풀과 나무들에게 보금자리와 영양분을 제공하며 같이 살고 있다. 까치집이 있고 이름 모를 작은 새들이 나무를 놀이터 삼아 날아다니고 있다.

수확한 은행열매는 마을 공동사업에 사용하고 있다고 한다.

:: 나무 등급변경

이 은행나무는 1998년 전라남도 기념물 제167호로 지정되었다가, 2007년 8월에 천연기념물로 승격되었다.

:: 전설/제례

마을 주민들에 의하면 이 나무는 한일합병(1910), 8·15해방(1945), 한국전쟁(1950) 등 나라에 중대사가 있을 때면 소리를 내어 울었다고 한다. 주민들은 이 나무를 마을의 수호신으로 여겨오고 있으며, 옛날부터 오늘에 이르기까지 매년 정월 대보름에 당산제를 지내고 있다.

다양한 생물이 함께 살고 있는 따뜻한 집 천연기념물 제482호 담양 봉안리 은행나무
● 관리자: 담양군 ● 전라남도 담양군 무정면 봉안리(술지마을) 1043-3

칠석동(漆石洞) 은행나무는 수령 600년, 나무높이 26m, 가슴 높이 둘레 6.5m의 암나무이다.

수관 폭은 동서방향 30m, 남북방향 32m이다. 칠석동 옻돌 마을 앞에 있으며, 나무 주위에 돌을 쌓아 논과 경계를 이루고 있다.[57] 이 은행나무는 지상 7m 내외에서 가지가 여러 개로 갈라졌다.

이 나무는 오래 전부터 서낭나무로 추대되어 마을사람들의 보호를 받고 있다. 1979년 8월 3일 시도기념물 제10호로 지정되었으며, 광주시 남구에서 관리하고 있다.

:: 나무 유래

두 가지의 설이 있다. 하나는 사나운 소의 고삐를 매어 두기 위하여 은행나무를 심었다는 설이고, 다른 하나는 조선시대 초기의 문신 김문발(金文發, 1359-1418)이 심었다는 설이다.

:: 풍수지리/전설

죽령산 아래의 평야지대에 있는 칠석동은 풍수지리상 소가 누워 있는 모습이라고 한다. 그런데, 이 소가 매우 사나워 소의 고삐를 매어두기 위해 은행

나무를 심었다고 한다.

:: 제례

마을 사람들은 이 나무를 신령한 나무로 여겨 해마다 정월 대보름 전야에 당산제(堂山祭)를 지내고 있다. 제사가 끝나면 상촌(上村, 윗마을)과 하촌(下村, 아랫마을)으로 나뉘어 이 마을 고유의 놀이인 고싸움놀이(중요무형문화재 제33호)를 즐기는 풍습이 있다. 고싸움놀이를 할 때에는 '고'가 먼저 은행나무 둘레를 돌아야 경기가 시작된다.[58]

:: 위치

포충사에서 더 들어가면 대촌이 나오는데 나주방향으로 계속 진행하다보면 칠석동이 나온다.[59] 그곳 마을에 조선시대의 문신 김문발이 지은 정자

58) 고싸움놀이는 양편이 굵은 줄에 단 '고'를 어깨에 메고 서로 부딪쳐 '고'로 상대방 '고'를 눌러 땅에 닿게 하여 승부를 겨루는 놀이이다. 볏짚으로 대보름 전날이면 '고'를 만들고 밤에는 마을 뒤쪽에 있는 할아버지 당산과 마을 앞쪽에 있는 할머니 당산에서 당산제를 지내고 농악을 하면서 마당밟기를 하고 나서 고싸움놀이를 벌인다.

59) 포충사는 임진왜란 당시 나라를 위해 목숨을 바친 고경명의 삼부자와 유팽노 등 5명의 충절을 기리기 위해 건립된 사액사당이다. 임진왜란이 끝나고 정국이 안정된 후 호남유생들의 청으로 제봉산 아래 건립된 이곳은 영당, 구사당, 전시관, 준공기념탑 등으로 나누어져 있다. 고경명 장군의 유필인 친필 '마상격문'과 '목판 493매' 등이 보존되어 있으며 매월 4월 15일에는 제향 행사가 열린다.

고싸움 전수회관

부용정(芙蓉亭)이 있고, 부용정 앞 넓은 공터 한쪽에 은행나무가 서 있다. 나무 주위에 돌을 쌓아 논과 경계를 이루고 있다.

은행나무 부근에는 '고싸움 전수회관'건물이 있다. 고싸움의 발상지인만큼 이의 계승을 위한 건물과 넓은 마당이 마련되어 있다. 은행나무 한 쪽 옆에는 작은 저수지가 있다.

고싸움의 발상지 칠석동의 멋진 은행나무 ◉ 광주광역시 남구 칠석동 120번지

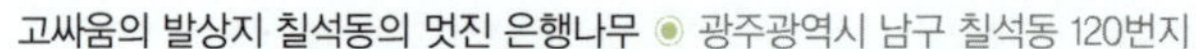

담양 산덕리 후산마을 은행나무는 수령 600년, 나무 높이 30m의 암나무이다. 이 나무는 마치 마을의 모든 것을 알고 있고, 마을을 보호해주려는 듯 마을 뒤편 전망 좋은 언덕에 자리를 잡고 마을을 내려다 보고 있다.

후산리 은행나무는 1980년 6월 2일 시도기념물 제45호로 지정되었으며, 오영희 씨가 관리하고 있다.

:: 나무 유래 – 인조대왕의 계마행

조선시대 인조(재위 1623-1649)가 왕위에 오르기 전 지금의 호남지방을 두루 둘러보던 중에 창평 월봉의 소개로 이곳 후산(后山)에 살고 있던 명곡 오희도(明谷 吳希道, 1583-1623)를 방문한 적이 있었는데, 이때 인조는 타고 온 말을 명곡의 북쪽에 있는 이 은행나무에 맸다고 한다. 이러한 연유에서 이 은행나무를 일명 '인조대왕의 계마행(繫馬杏)'이라고 부르고 있다. 또 부근에 있는 명옥헌 뒤에는 오동나무가 있었는데 이 나무 밑에도 인조가 말고삐를 맨 일이 있다. 이 나무를 '인조대왕의 계마상(繫馬橡)'이라고 불러왔는데 이 오동나무는 지금은 고사하여 없어졌다.

:: 나무 특징

나무밑동에서 새로 올라오는 줄기가 많았는데 원줄기에서 나온 은행잎의 모양과 다른 점이 있다면 잎의 갈라짐이 다른 어떤 은행나무 잎보다도 깊게 갈라져 있다는 점이다. 은행잎이 어릴 때는 이처럼 갈라지는 모습으로 올라오는 것이 보통이지만 이 은행나무는 그 정도가 심한 편이다.

또 하나 특이한 것이 있다면 밑을 향해 뻗은 하지(下枝)의 존재이다. 하지와 나무고드름의 차이는 표피의 형태와 무늬를 보고 판단한다.

수세가 왕성하고, 넓게 쳐진 나무울타리 밖으로 뿌리가 뻗어 내린 것이 보인다. 원줄기 부근 뿌리에서는 새로운 줄기가 뻗어 올라 자라고 있고, 원줄기가 갈라지는 5m 지점에도 새로운 가지가 자라고 있다. 대규모 외과수술을 한 흔적은 없고 몇 군데 썩은 부위를 수술한 흔적은 보인다. 일부 작은 가지를 잘라낸 부분에 외과수술을 했는데 수술한 것이라고 보기 어려울 정도로 자연스러워 보였다. 우려할 정도의 썩은 부위는 보이지 않으며, 보호 및 관리관계는 양호한 편이다.

:: 명옥헌

후산마을 명옥헌 원림(明玉軒 苑林)은 후산리 은행나무로부터 약 200m 동쪽
에 있는데, 이곳 명옥헌 원림은 오희도가 건물을 짓고 살던 곳이다. 그의 넷
째아들 오이정(吳以井, 1619-1655)은 부친의 뒤를 이어 이곳에 은둔하면서
자연경관이 아름다운 도장곡에 정자를 짓고 이를 명옥헌이라 하였다. 후에
정자가 쇠퇴함에 따라 후손 오대경(吳大經)이 다시 보수하였다. 이곳은 전라
남도기념물 제44호로 지정되어 있다.

정자 전면에 네모난 연못을 파고 그 주위에 적송, 회화나무, 매화나무 등을 심

었다. 명옥헌은 아름다운 경관으로 이름나 있는 정자이며, 그 뒤에는 이 지방
의 이름난 선비들을 제사지냈던 '도장사(道蔣祠)' 터가 남아 있다.

:: 오희도

오희도의 자는 득원(得原), 호는 명곡(明谷)이다. 그는 1602년 사마시(司馬
試)에 합격하고, 1623년(인
조 1년)에는 알성문과(謁
聖文科)에 합격하였다. 성
년이 된 호희도는 광해군
치하의 어지러운 세태를
잊기 위하여 집 옆에 망재
(忘齋)라는 조그만 서재를
짓고 그곳에서 글을 읽으
며 고개 너머 장계골의 수
려한 자연을 벗 삼아 생활
하고 있었다. 이 무렵 광해
군을 폐위하기 위하여 전
국을 돌며 동지를 규합하
고 있던 능양군(나중의 인
조대왕)이 이곳의 오희도
를 찾아온 일이 있다.

인조대왕의 계마행. 담양 후산리 은행나무
● 전라남도 담양군 고서면 산덕리 485-1번지

보성군에 있는 벌교 고읍리 은행나무는 수령 500년, 높이 20m의 암나무이다. 그렇지만 원줄기가 불에 타버리고 밑에서 새로 난 싹이 자라 원줄기와 가지를 구별하기 어렵다. 나무 안내문에는 나무높이가 40m로 되어 있으나 이는 불타기 전의 높이이며 현재의 높이는 20m 정도이다. 밑 부분에서 자라난 줄기가 여섯 갈래로 갈라져 있다.

:: 나무 특징

이 나무에는 여러 개의 나무고드름이 있고 하지가 발달해 있는 것이 특징이다. 하지는 그 길이가 60cm에 이른다.

:: 기념물 지정 변경

고읍리 은행나무는 1962년에 천연기념물로 지정되었으나, 화재로 가지와 줄기의 상당 부분이 훼손되어 1993년 4월 16일 그 지정이 해제되었지만, 다시 자란 가지가 커져 1994년 1월 31일 시도기념물 제147호로 지정되었다. 보성군에서 관리하고 있다.

:: 마을 유래

고읍마을의 연대는 정확히 알 수 없으나 아득히 먼 삼국시대에 마을이 형성되었다고 한다. 마을의 이름은 백제시대에는 분차군(分嵯郡), 신라시대에는 경덕왕 때 분령군(分嶺郡), 고려시대에는 낙주(樂州)라고 부르다가 그 후에는 낙안(樂安) 고을로 불려 왔다.

:: 제례

마을에서는 이 나무를 신목(神木)으로 취급하고 매년 음력 정초에 제(祭)를 올리는데 선출된 제관 이외에는 치성을 드리는 밤에는 일체 외출을 못하도록 되어 있다. 그런데 1980년대 초반 제를 지낸 후 켜 놓았던 촛불이 썩은 원줄기에 닿아서 가지 끝까지 타 올라갔다가 불탄 가지가 옆집 초가에 떨어져 타기 시작하자 마을 사람들은 비로소 밖으로 나왔다고 한다. 이때에 은행나무는 이미 타 버렸으나 밑 부분이 죽지 않고 다시 싹이 터서 현재와 같은 거목이 되었다고 한다. 마을주민에 의하면 오래 전에는 마을에서 제사를 지냈지만, 지금은 지내지 않는다고 한다.

특이한 돌기(하지)를 가진 고읍리 은행나무 ● 전라남도 보성군 벌교읍 고읍리 799번지

낙안 교촌리(校村里) 은행나무는 수령 600년, 높이 25m의 암나무이다. 원줄기는 2.5m 부분에서 3개의 줄기로 갈라졌는데, 동쪽의 작은 가지 2개는 고사상태에 있다. 이 나무는 2001년 9월 27일 시도기념물 제185호로 지정되었으며, 낙안향교에서 관리하고 있다.

:: 나무 유래

이 은행나무는 낙안읍성 민속마을로부터 남쪽으로 조금 떨어진 낙안향교 안에 자리하고 있다. 낙안향교는 지방의 관학 기관으로 조선시대 초기에 건립된 것으로 추측되며, 원래 읍성의 동쪽에 있었는데 1658년(효종 9년)에 이곳으로 옮긴 후 여러 차례 고쳐 지어 오늘에 이르고 있다. 이 은행나무와 관련해서는 향교를 옮겨 세울 당시에 심은 것으로 추정된다는 설과, 향교 건립 당

시 심었다는 설이 있다.

:: 나무 명칭 변경

이 은행나무는 '순천 교촌리 은행나무'라고 불리고 있었으나 2006년 6월 20일부로 '낙안 교촌리 은행나무'로 명칭이 변경되었다.

:: 나무 특징

나무줄기 2.5m 부분에 이름 모를 나무가 뿌리를 내려 자라고 있다. 향교를 관리하는 문진한 씨(83세)는 자신이 20대였던 1940년대부터 그 작은 나무가 자라기 시작했는데 60년이 지난 지금에도 그 나무가 자라고 있다고 했다. 신기한 것은 그 작은 나무는 줄기가 크게 굵어지거나 자라지 않고 꼭 그 정도를 유지하고 있다는 것이다.

은행나무 속의 작은 나무

:: 향교 연혁

조선시대 전기에 건립된 것으로 추측되는 낙안향교는 1658년에 용암동에서 현재의 위치로 옮겼다. 그 뒤 여러 차례에 걸쳐서 수리하였으며, 현재 남아

있는 건물은 대성전 · 명륜당 · 동무 · 서무 · 동재 · 서재 · 내삼문 등이다. 조
선시대에는 국가로부터 토지 · 노비 · 책 등을 지급 받아 학생들을 가르쳤으
나, 갑오개혁(1894) 이후에는 교육적 기능은 없어지고, 봄과 가을 2차례에 걸
쳐 제사만 지내고 있다.

위엄 있는 교촌리 은행나무 ◉ 전라남도 순천시 낙안면 교촌리 222번지

금사리(錦巳里) 은행나무는 수령 500년, 나무높이 15m, 가슴높이 둘레 3m의 암나무이다. 나무가 자라는 기세와 크기, 관리상태 등은 양호한 편이며, 나무 내에 새로운 나무가 함께 자라고 있어 그 형태가 특이하다. 이 나무는 2002년 11월 27일 시도기념물로 지정되어 보호되고 있다.

:: 나무 유래

이곳은 조선시대 사도진이 있었던 곳으로 은
행나무는 1491년(조선 성종 22년) 사도진[60]
설치 당시 심었다고 전해진다.

60) 사도진은 전라남도 고흥군 영남면 금사리
에 설치되었는데 사두 즉, 뱀머리를 닮아
사도진 바로 앞에 위치한 개구리 형상을 한
섬, 와도를 넘보는 형상으로 인해 사도라
고 부른다. 이 진성의 축성 연대는 성종 16
년(1485)에 성곽이 축조되기 시작하여 6년
후인 성종 22년(1491) 10월에 완성되었다.
http://cafe.daum.net/land5555/FrA9/408

:: 제례

매년 섣달 그믐이면 마을사람들은 이 나무 앞에서 마을의 안녕과 풍년을 기
원하는 제사를 드린다. 이 나무는 바닷가 낮은 언덕에 위치하고 있어 늘 바다
를 내려다보고 있으며 마을 주민들의 안녕과 무사를 기원해주는 나무이다.

마을과 남해바다를 지키는 금사리 은행나무 ● 전라남도 고흥군 영남면 금사리 770−1번지

낙안읍성에는 읍성의 연륜만큼이나 오래된 은행나무가 세 그루 있다. 그 중에서도 가장 눈에 띠는 것은 마을 중앙 주막거리에 있는 보호수 은행나무이다. 이 은행나무는 읍성 내에서 가장 오래되고 높이 자란 나무이며, 나무 모양은 옆으로 퍼지기보다는 직선으로 쭉 뻗어 올라갔다. 오래 되었으면서도 나무 줄기에는 많은 새로운 가지들이 생겨나고 있다.

:: 나무 유래

낙안읍성은 전체 모양이 배를 닮았다고 한다. 그래서 옛날부터 읍성 내에서는 샘(우물)도 깊이 파지 않았다. 구멍이 뚫리면 배가 침몰한다고 믿었기 때문이다.

마을 복판에 은행나무가 심어져 있는 것도 이러한 풍수지리설과 무관하지 않다. 축성할 때 무게 중심을 잡기 위해 은행나무를 심은 것으로 보인다.

:: 세 그루 은행나무

주막거리 한 복판에서 위용을 자랑하는 보호수 은행나무는 수령 500년, 높이 28m의 암나무이다.

국창 송만갑 선생(1865-1939)이 살던 집 뒤뜰에 있는 은행나무는 수령 300년, 높이 27m의 암나무이다. 송만갑은 조선시대 후기 판소리 대가 송흥록의 후예로서 박만순 명창과 부친 송우룡으로부터 판소리를 배운 명창이다.

그리고 정문 성곽 부근 민가 옆에 있는 은행나무는 수령 300년, 높이 22m의 암나무이다. 여러 개의 나무고드름을 가지고 있는 것이 특징이다.

:: 낙안읍성

낙안읍성은 고려시대 후기부터 잦은 왜구의 침입으로 인한 피해를 막기 위

1. 주막거리 한복판 은행나무(보호수)
2. 송만갑 명창이 살던 집 뒤뜰 은행나무
3. 정문 성곽부근 민가 옆 은행나무(부분 모습, 돌기)
4. 정문 성곽부근 민가 옆 은행나무(전체 모습)

해, 조선시대 전기에 흙으로 쌓은 성이다. 1397년(조선 태조 6년)에 처음 쌓았고, 1424년부터 여러 해에 걸쳐 돌로 다시 성을 쌓아 그 규모를 확장하였다. 읍성의 전체 모습은 4각형이며 총 길이는 1,410m이다. 동·서·남쪽에는 성 안의 큰 도로와 연결되어 있는 문이 있고, 적의 공격을 효과적으로 막기 위하여 성의 일부분이 성 밖으로 튀어나와 있다. 성 안의 마을은 전통적인 모습을 그대로 간직하고 있어, 당시 생활풍속과 문화를 짐작할 수 있다. 낙안 읍성은 현존하는 읍성 가운데 보존 상태가 좋은 것 중 하나이며, 조선시대 전기의 건축양식을 그대로 간직하고 있다.

낙안읍성 성벽 위로 보이는 은행나무들 ● 전라남도 순천시 낙안면 동내리, 서내리. 낭내리

장흥향교에 있는 은행나무는 수령 700년, 높이 14m, 둘레 4.6m의 노거수 암나무이다.

:: 나무 유래

장흥향교가 설립된 것은 1398년인데, 이 은행나무는 향교가 설립되기 전부터 이 자리에서 자라고 있던 나무이다. 사진에서 보는 것처럼 이 나무는 향교 담장에 걸쳐서 자라고 있다. 원줄기 바깥으로 담장을 설치했는데 원줄기는 노화하여 뒤에 자란 다른 줄기가 담장을 밀치고 나와 자라나고 있다.

:: 나무 상태/특징

본래의 나무는 한 그루인데 잔 나무 4그루가 옆에서 자라나 성장하고 있다.
손목으로 보이는 가는 줄기들도 보인다.

:: 향교 연혁

1398년(태조 7년)에 창건되었으며 정유재란 직후인 1598년(선조 31년)에 중
수하였다. 1832년(순조 32년), 1872년(고종 9년), 1905년(광무 9년) 등 여러 차
례에 걸쳐 보수하였으며, 1981년에 전사청(典祀廳)을 신축하였다.

은행나무 무성한 **장흥향교** ● 전라남도 장흥군 교촌리 4번지

순천시 해룡면 남가리에 있는 이 은행나무는 마을 중앙(남가리 대가길), 경로당을 겸하고 있는 가산 문화회관 건물 뒤에서 자라고 있다. 마을 사람들은 이 나무를 신성한 나무로 여기며 보호하고 있다.

이 은행나무는 수령 700년, 높이 30m의 암나무이며, 1982년 12월 3일 보호수로 지정되어 보호받고 있다. 안내판에는 나무의 높이를 45m라고 소개하고 있는데 실제로는 30m가 안되어 보인다.

:: 나무 유래

2003년에 은행나무 바로 뒤에 은행정(隱촘亭)이라고 하는 작은 정자를 지은 마을 주민의 말에 의하면 이 나무의 수령이 1,000년은 되었다고 한다. 자신이

어렸을 때 마을 어르신들이 하는 이야기를 들었는데 얼마나 오래 되었는지 어르신들도 나무 유래를 아는 사람이 없다고 한다. 누가 심은 것인지 아니면 원래부터 이곳에서 자라고 있었는지 알 수 없다.

:: 나무 특징

나무의 둘레를 보았을 때, 지상에서부터 줄기 하나로 뻗어 올라갔지만 자세히 보면 하나의 줄기가 어느 정도 자라면 그 지상부 뿌리에서 다시 새 줄기가 올라오고, 다시 뿌리에서 새줄기가 올라와 나무 밑동은 8-9개의 줄기가 붙어 자라고 있는 모습을 하고 있다.

원줄기를 보니 지상 7-8m 부근에서 썩어서 절단된 것으로 보이고, 외과수술을 한 자리 옆에 새로운 줄기가 뻗어 올라가고 있었다.

아픈 곳은 있어도 늠름하게 자라고 있는 남가리 은행나무 ● 전라남도 순천시 해룡면 남가리 대가길

해남읍 연동리에는 우리나라 최고의 명당자리 중의 하나라고 불리는 고산 윤선도의 유적지인 녹우당(綠雨堂)이 있다. 해남 윤씨 종가 전체를 통틀어 녹우당이라고 하는데, 녹우당은 대표적인 종가(宗家)의 하나이면서 전통고가(傳統古家)이기도 하다.

녹우당 앞에는 오래된 은행나무가 한 그루 자라고 있다. 누구든지 이곳을 찾는 사람들은 먼저 이 은행나무를 한참 올려봐야 할 정도로 키가 크고 위풍이 당당한 나무이다. 은행나무는 수령 500년, 높이 20m의 암나무이다. 1982년 12월 3일 보호수로 지정되었으며, 해남읍에서 관리하고 있다.

:: 나무 유래

해남의 상징적인 고건축물인 녹우당의 오랜 역사의 흔적은 5백 년 된 은행나무에서부터 시작된다. 이 은행나무는 고택을 지을 당시에 심어진 나무이다. 고산의 고조부(4대조)인 어초은(漁樵隱) 윤효정 선생이 큰 아들인 귤정 윤구(호남 3걸의 한 사람)를 비롯해서 아들들이 진사시험에 합격한 것을 기념하여 심은 것이다.

:: 녹우당

녹우당 입구를 지키고 있는 거대한 은행나무가 고택이 보낸 세월을 짐작하게 해준다. 은행나무 옆으로 난 문으로 들어가면 작은 정원과 사랑채가 나온다. 사랑채 현판에 걸려있는 '녹우당(綠雨堂)'이라는 당호는 윤두서와 절친했던 옥동 이서가 쓴 것이다.

녹우당이란 '초록빛 비가 내리는 곳'이라는 뜻이다. 녹우당은 건물 앞에 심은 은행나무 잎이 바람에 날리는 소리가 비오는 것과 같다하여 녹우당이라 이름을 지었다는 설과, 녹우당의 뒷편에 비자나무숲이 있는데, 바람이 불면 비자나무잎이 흔들리며 마치 비가 내리는 듯한 소리를 낸다고 해서 녹우당이라는 이름을 붙였다는 설이 있다. 녹우당은 윤선도의 4대 조부인 윤효정이 연

현판 '녹우당'

동에 거처를 정하면서 지은 15세기 중엽의 건물이다. 고산의 증손자인 공재 윤두서 역시 해남에서 지내게 되자 녹우당은 살림집이 되었으며 그 후 여러 번 증축하고 개수하여 현재에 이른다.

:: 녹우당 연혁

사적 제167호인 녹우당은 조선시대 호남지방 사대부의 대표적인 가옥으로 고산 윤선도(孤山尹善道)가 학문에 정진했던 곳이다.

연동마을의 녹우당이 처음 모습을 갖추기 시작한 것은 어초은 윤효정(尹孝貞, 1476-1543)이 600여 년 전인 1501년 덕정동에서 우애당이란 집을 짓고 살다가 현재의 마을 터를 사들여 이주하면서부터이다.

처음의 집 자리는 현재의 사랑채 남측의 빈터였으나 2차례의 화재가 있었다고 한다. 이때 어초은공의 꿈에 하얀 옷을 입은 노인이 나타나 '지금의 자리는 산강수약(山强水弱)하여 좋지 않으니 현재의 안채 자리로 옮기고 물을 만들어 흰 연꽃을 심으라'고 말했다. 이 말을 들은 어초은공은 연못을 만들었으며, 그 이후로는 화재가 없었다고 하며 이곳의 지명도 백련동이라는 이름을 갖게 되었다고 전해지고 있다.

:: 부용동 세연정

부용동 정원(芙蓉洞庭園, 전라남도기념물 제37호)은 윤선도의 유적지이다. 해남 땅끝마을에서 배를 타고 30분 정도 가면 노화읍 신양진항에 닿는데 이곳에서 내려 보길대교를 지나 보길도로 가면 그곳에도 윤선도의 유적이 남아 있다.

윤선도는 1637년(조선 인조 15년), 병자호란 당시 왕이 남한산성에서 청나라에 항복했다는 소식을 듣고 제주도로 행하던 중 보길도 황원포에 잠시 배를 정박시키고 쉬다가 이곳의 경치에 매료되어 제주행을 포기하고 이곳에 머무르게 되었다. 아름다운 산들이 마치 병풍처럼 감싸고 있는 산골 안쪽 지형의 생김새가 마치 피어나는 연꽃을 닮았다고 해서 부용동이라 이름짓고, 섬의 주봉인 격자봉(430m) 밑에 낙서재를 지어 거처를 마련하였다. 부용동 정원은

세연정

크게 세 곳으로 구성되어 있는데, 낙서재 주변과 그 맞은 편 기기묘묘한 거
석들이 들어선 산 중턱의 사색공간인 동천석실, 그리고 부용동 입구의 놀이
공간인 세연정이다. 그는 부용동에 연못을 파고 세연정(洗然亭)을 세워 선유
를 즐기며 명작 '어부사시사(漁父四時詞)'를 남겼다.

자연과 사람의 만남 녹우당 은행나무　●　전남 해남군 해남읍 연동리 82번지

필암서원 은행나무는 수령 400년, 나무높이 15m의 수나무이다. 필암서원에 가는 사람은 누구든지 이 나무를 보게 되기에, 이제 이 나무는 서원의 상징처럼 되었다.

:: 나무 유래

서원의 정문을 지키고 서 있는 것을 볼 때 이 나무는 1590년 필암서원을 건립할 당시에 심은 것으로 보인다.

:: 나무 상태

주요 줄기의 상단부가 절단되어 있으며, 특히 북향 줄기는 말라죽은 상태에 있다. 다른 줄기에서 난 작은 가지들이 싹을 내어 나무의 명맥을 유지하고 있다. 수분과 영양공급을 원활히 해주면 작은 줄기들이 성장할 수 있을 것으로 보인다.

:: 건물 연혁

필암서원은 1590년(선조 23년) 김인후(金麟厚, 1510-1560)의 학문과 덕행을 추모하기 위하여 기산리(岐山里)에 세워진 서원인데, 정유재란 때 소실되었

다가 1624년에 다시 세워졌다. 지역 유생들의 소청으로 1662년(현종 3년)에 임금이 '필암서원(筆巖書院)'이라고 쓴 현판을 내려 보냄으로써 사액서원(賜額書院)으로 승격되었으며, 1672년(현종 13년)에 현재의 위치로 이전하였다.[61] 필암서원 확연루는 송시열, 경장각은 정조, 청절당의 필암서원 현판은 윤봉구의 글씨이다. 1796년 김인후의 문묘배향(文廟配享)으로 이 서원의 위상은 더욱 높아졌다.

61) '사액'이란 임금이 현판을 하사했다는 뜻이며, 사액서원은 국가가 인정한 사학으로서 당시 최고의 교육기관이다.

:: 김인후

김인후 선생은 16세기 조선의 대표적인 유학자이다. 성균관에서 학문을 닦은 그는 이황과 함께 주자학을 통치이념으로 확립하는 데 기여했다.

김인후는 22세에 진사시험에 합격하고, 34세 때에는 홍문관 박사 겸 세자시강원설서가 되어 세자 시절의 인종을 가르쳤다. 35세 때 인종은 중종의 뒤를 이어 왕위에 올랐으나 이듬해 갑작스럽게 승하하였다. 그는 인종의 승하를 계기로 모든 관직을 그만두고 고향인 장성으로 돌아와 후학 양성에 힘썼다.

매년 4월에 하서 김인후를 기리는 춘향제(春享祭)가, 9월에는 추향제(秋享祭)가 열린다.

많은 사람들이 활력을 되찾기를 바라고 있는 필암서원 은행나무 ◉ 전라남도 장성군 황룡면 필암리 378

강진향교 은행나무는 수령 500년, 높이 24m, 둘레 5m의 수나무이며, 정몽금 씨가 관리하고 있다. 대성전에서 명륜당을 내려다 볼 때 마당 왼쪽에 은행나무가 자라고 있다. 이 나무는 1982년 12월 3일 보호수로 지정되었다.

:: 나무 유래

조선시대 대사성(大司成)을 지낸 윤탁(1472-1534)이 대성전에 은행나무를 심도록 권장하였다고 한다. 윤탁이 생존했던 연대를 고려할 때 은행나무는 적어도 500년 수령은 될 것이다.

강진향교는 정확한 창건 연대는 미상이다. 조선시대 초기로만 알려져 있다.
1985년 2월 25일 전라남도유형문화재 제115호로 지정되었다. 정확히 언제
지어졌는지 알 수 없으나, 은행나무가 심어진 시기를 볼 때 1500년대에 건립
된 것으로 추정된다.

시야가 탁트인 강진향교와 은행나무 ● 전라남도 강진군 강진읍 동성리 691-1

8. 대구 · 울산 · 경북

울주 구량리(九良里) 은행나무는 울산시 울주군 두서면 구량리 중리마을 논 한 가운데에 있다. 수령 550년, 나무높이 22.5m의 수나무이다. 나무 서쪽 밑 부분에서 하나의 큰 가지가 갈라져서 자라고 있으며 지상(地上) 2.5m 높이에서 가지가 여러 개로 갈라졌다. 이 은행나무는 마을의 정자목(亭子木) 역할을 하고 있다.

세상의 중심에 서다

:: 나무 유래

이 은행나무는 조선시대(약 550년 전)에 이판윤(李判尹)이 벼슬을 그만두고
이곳에 내려올 때 서울에서 가지고 온 묘목을 자기 집 연못가에 심은 것이다.
은행나무 옆에는 한성부 판윤(漢城部 判尹) 죽은 월성(竹隱 月城) 이공 제단
비(李公 祭壇碑)가 서 있다. 연못은 사라지고 논밭만이 남아 있다.

:: 나무 상태

2003년 9월 12일 태풍 매미가 불어왔을 때 주로 북향 큰 가지들이 부러졌는
데 그후 철제 지지대를 설치하여 가지를 보호하고 있다. 나무줄기 밑 부분의
한쪽이 썩어 외과수술을 받았다.

:: 전설

아들을 못 낳는 부인들이 이 은행나무 밑 부분의 썩은 부분 앞에서 정성스럽게
기원하면 아들을 낳을 수 있다는 전설이 전해지고 있다.

지금은 썩은 부위는 시멘트 등으로 메꾸어져 있다.

안동 용계리(龍溪里) 은행나무는 수령 700년, 나무 높이 40m의 거대한 노거수이다. 우리나라에서 줄기 굵기로는 가장 큰 나무 중 하나이다.

이 나무는 원래 용계초등학교 운동장에 위치하고 있었으나 임하댐이 하류에 건설되면서 수몰지구 마을이 철거될 때 지금의 위치로 옮겨졌다.[62] 나무가 수몰될 위기에 처하자 1990년 11월부터 1993년 7월까지 2년 9개월에 걸쳐 그 자리에 15m 높이로 흙을 쌓아 가산을 조성한 후 지금의 위치에 올려 심은 것이다.

:: 나무 유래

용계리 은행나무의 유래와 관련해서는 두 가지 이야기가 전해지고 있다. 문헌에 나타난 이 나무에 관한 기록은 탁순창(卓順昌, 1495-1593)을 기리기 위해 1901년(고종 5년) 안동의 유림이 만든 행정계첩(杏亭楔帖)에서 볼 수 있다.[63]

이 나무에는 조선시대 선조(재위 1576-1608) 때 훈련대장(訓練大將)을 지낸 탁순창이 서울에서 내려와 마음이 맞는 사람들과 행정계를 만들어 이 나무를 보호하고, 매년 7월에 나무 밑에 모여

62) 용계분교 마당에 있을 때는 한 해 10가마가 넘는 은행을 생산하고 있었다고 한다.

63) 김호태, '용계 은행나무가 들려주는 메시지' 〈사람과 문화〉 110호(2008.08), 2-5쪽.

서로의 친목을 도모했다는 이야기가 전해진다. 탁순창은 오계(梧溪)마을 언덕에 정자를 짓고 은행나무를 심어 자연과 벗하며 유유자적했다고 한다. 현재 이 마을은 사라졌지만 탁씨 문중의 자손들은 해마다 이 나무에 제사를 드리고 있다.

다른 하나의 이야기는 이러하다. 원래 용계리 은행나무가 위치한 곳에는 탁씨가 살고 있었다. 그 집에 딸이 하나 있었는데 그녀가 바로 이 은행나무를 심은 주인공이라고 한다.[64] 어느 날 그 처녀가 강가에서 빨래를 하던 중 홍수로 인하여 뿌리가 하얗게 드러난 은행나무 한 그루가 강물에 떠 내려와서 그녀에게 이르렀다. 처녀는 은행나무를 주워서 집으로 가져와 부뚜막에 흙을 파서 묻어놓고 아침저녁으로 물을 주고 보살폈다. 그녀는 처녀의 몸으로 일찍이 세상을 떠났다고 한다.

세월이 흘러 용계마을에는 권씨들에 이어 이씨들이 들어와서 정착하게 되니, 탁씨들은 점차 가세가 기울게 되어 마을에서 물러날 지경이 되었다. 그러던 어느 날 탁씨 가문의 노인 꿈에 처녀가 현몽하여 다음과 같이 말하였다. "나는 저 건너편 은행나무를 살린 처녀인데, 나를 이 동네의 동신으로 모시고 제사를 지내주면 이 마을을 편안하게 해주겠다." 그런데 이 꿈을 꾼 사람이 여러 명이라고 하였다. 그래서 마을사람들은 은행나무 옆에 당집을 세웠으며, 당집 안에는 버드나무로 만들어진 고리짝에 치마와 저고리 한 벌을 보쌈의 형태로 넣어 주었다. 그리고 매년 정월 열나흘날이면 당집과 고리짝을 수리하고 보름날에 제사를 지내주었다고 한다.

탁 공이 심었다고 하면 이 나무의 수령은 500년이 되고, 탁씨 처녀가 심었다고 하면 700년이 된다.

:: 나무 보존

1981년부터 임하댐 건설 기본조사가 시작되었다. 그리고 1985년 3월 26일 기공식이 거행되었다. 시민·주민들은 나무를 살리기 위해 관계기관에 여러 차례 협조 요청을 했고, 1987년 2월 천연기념물인 용계 은행나무 보존대책이 마련되었다. 그리고 그해 8월 5일 '은행나무 보존을 위한 경상북도 조례 제정 공포' 보존추진위원회가 구성되었다.

외과수술 흔적

1990년 11월 3일 시행자인 안동군과 시공자인 주식회사 대지개발 사이에 은행나무 상식보존공사 계약이 체결되면서 총 사업비 29억 원, 공사기간 4년(1990년 11월 6일-1994년 10월 8일)의 본격적인 공사가 시작되었다.

첫해에는 뿌리돌리기와 작업대를 설치하고 작업을 위해 최소한의 큰 가지만을 남기고 작은 가지는 잘라냈다. 이때 80%의 뿌리를 잘라냈으며 다시 점

토로 뿌리를 싸고 제방을 쌓고 방풍대를 설치하는 작업을 했다. 그리고 나무 상식을 위한 철골을 제작하여 1992년 3월 5일부터 서서히 들어 올렸다. 임시로 분(盆)을 만들고 '생명토'라는 특별한 거름을 넣어 작업하는 동안 생명을 유지하게 했고 요청공법을 위한 상식용 철골작업을 했다. 1993년 2월 19일 상식공사가 끝나고 주변 환경정비와 관리소를 지었으며, 1998년 10월 18일 진입다리공사를 마무리하였다.[65]

65) 제1차 공사는 뿌리돌림 및 부대공사로서 1990년 11월 6일부터 1991년 1월 30일까지 진행되었다. 제2차 공사는 성토 및 돌붙임공사로서 1991년 7월 10일부터 1992년 2월 15일까지 진행되었고, 제3차 공사는 상식공사(上植工事)로서 1992년 3월 5일부터 1993년 2월 19일까지 진행되었다.

:: 나무 관리

나무 둘레에 녹색 담장을 치고, 나무 부근에는 관리인이 거주하는 관리소를 지었다. 늘 관리인이 돌보고 있어 이 은행나무는 가장 잘 보호되고 있는 나무 중의 하나이다. 철제 지지대를 사용하여 더 이상 나무가 줄기 가지 무게 때문에 옆으로 늘어지거나 부러지는 것을 막고 있다.

관리소 옆에는 기념식수비가 있다. 이 은행나무에서 2,000개의 종자를 받아 안동시가 직영 양묘한 후에 시민에게 2세목 2,000그루를 처음 분양하여 용

나무에서 바라 본 관리소

작은 나무와의 동거

계리 은행나무가 제2의 번성기를 맞이한 기념으로 2007년 4월 5일 안동시장이 은행나무 옆에 2세목 몇 그루를 식수한 것이다. 기념식수비 옆에는 큰 비석이 하나 더 있는데 비석에는 '봉림수 은행나무'라고 적혀 있다. 흔히 용계리 은행나무라고 불리는 이 나무의 본명이 봉림수(鳳林樹) 은행나무임을 알려 준다.

:: 전설

이 은행나무는 나라에 변란이 있을 때마다 울음소리를 내어 예고했다고 한다. 임진왜란과 일제 강점 직전, 한국전쟁 직전에도 울었다고 한다. 또 이곳에 와서 기원하는 사람들의 소망을 이뤄준다는 전설이 전해지고 있다.

자연보호, 나무사랑의 상징 천연기념물 제175호 안동 용계리 은행나무
◉ 관리자: 안동시 ◉ 경상북도 안동시 길안면 용계리 744

농소리(農所里) 은행나무는 수령 400년, 높이 25m
의 암나무이다. 마을사람들은 나무를 마을의 수호
신(守護神)이라고 여기고 있다.

:: 나무 유래

400여 년 전에 마을주민 중 엄씨(嚴氏) 성을 가진 사람이 이 은행나무를 심었
다고 한다. 자세한 내력은 전해지고 있지 않다.

:: 나무 상태

이 은행나무는 지상에서 여러 개로 갈라져서 비슷한 높이로 자랐다. 서쪽가
지는 밑에서 자라 올라온 가지와 합쳐져 자라는 동안 밑에서 어린 나무가 자
라나 마치 숲같이 되었고 그 중에서 7개는 계속 자라서 원줄기의 높이와 비
슷한 키가 되었다. 나무 밑동은 가지치기를 한 듯 작은 줄기들이 잘려져 정
리된 채로 있었다.

:: 제례

마을사람들은 매년 음력 10월 초
에 은행나무 앞에서 마을의 평안
과 풍년을 기원하는 동제(洞祭)
를 지낸다. 밑에서 돋아난 가지
가 탐이 나서 잘라갔던 사람들이
며칠 지나면 다시 와서 잘못을
뉘우치며 제사를 드린 예가 흔하
였다고 한다.

마을을 지키는 천연기념물 제225호
구미 농소리 은행나무
◉ 관리자: 구미시
◉ 경상북도 구미시 옥성면 농소2리 436

금릉 조룡리(釣龍里) 은행나무는 수령 500년, 나무높이 28m의 암나무이다. 수관 폭은 동서방향 16.5m, 남북방향 22.2m이다. 이 나무는 섬계서원(剡溪書院)의 뒷 모서리에서 높게 자라고 있으며, 서원 앞으로 흐르는 맑은 개울로부터 충분한 수분을 공급받고 있다. 이 마을의 본래 이름은 '섬계리'였으나 지금은 '조룡리'로 바뀌었다.

:: 나무 유래

섬계서원이 세워진 후에 은행나무가 심어진 것인지, 아니면 원래부터 그 자리에 있었는지는 확실치 않다. 그러나 현지에서 나무를 관찰해 보니 수령이 200년을 훨씬 넘어서는 것으로 보이므로 섬계서원 건립(1802) 이전부터 이곳에서 자라고 있던 나무인 것으로 판단된다.

:: 나무 상태/특징

이 은행나무는 1992년부터 생장이 둔화되는 등 노화조짐을 보였으나 1994년에 김천시가 예산을 들여 외과시술을 하였다. 현재 나무상태는 양호한 편이다. 이 나무에는 나무고드름이 여럿 달려 있으며, 하지로 볼 수 있는 돌기가 같이 달려 있는 것이 특징이다.

:: 섬계서원

섬계서원은 1802년(조선 순조 2년)에 금릉 김씨(金陵金氏)의 선조인 충의공(忠毅公) 김문기(金文起) 선생의 제사를 지내기 위해 금릉 김씨 집안에 건립되었다.[66] 당시 지방사림(地方士林)들이 주도하여 각 도의 사림들과 힘을 모아 김문기 선생의 충절을 기리고 후학에게 학문을 가르치기 위해 지은 건물이다. 근년에 현재의 모습으로 개축되었다.

66) 섬계서원은 5현(김문기, 김현석, 장지도, 윤은보, 서즐)을 봉사하고 있다.

:: 전설

임진왜란(1592년 발발) 때 은행나무의 껍질이 벗겨지고 속살에 불이 붙어 조금씩 타 올라가는 것을 지나가던 사람이 호미로 긁어 껐다고 하는 전설이 전해진다. 또 한국전쟁(1950년 발발) 직전에 이를 예언이나 하듯 세 개의 큰 나뭇가지가 동시에 땅에 떨어졌다는 이야기도 전해진다.

◉ 관리자: 김천시
◉ 경상북도 김천시 대덕면 조룡리 51

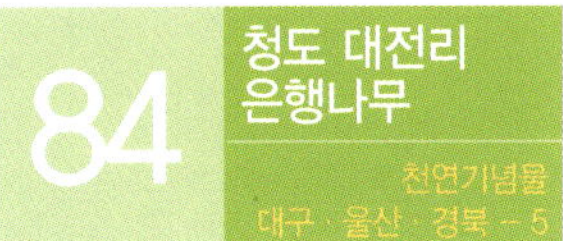

청도 대전리(大田里) 은행나무의 수령은 현지 안내판에 400년과 1,300년의 두 가지로 표기되어 있다. 나무높이 30.4m의 수나무이다. 나무 밑에서 많은 새 싹들이 무성하게 자라 원줄기를 둘러싸고 있었다고 하는데 현재에는 잔 줄기들이 모두 정리되어 있었다. 은행나무는 마을 한 가운데에 있으며, 마을의 정자나무 역할을 하고 있다.

:: 나무 유래/전설

67) 마을사람들은 이 전설을 근거로 하여 이 나무의 수령이 1,300년이라고 추정하고 있다.

① 1,300여 년 전 이곳을 지나가던 한 도사(道師)가 은행나무가 선 자리에 있던 우물을 보고 물을 마시려다 빠져 죽었는데, 그 후 우물에서 은행나무가 자란 것이 바로 이 나무라고 한다.[67] 비슷한

전설로는, ② 이 마을을 지나던 한 부인이 우물을 찾아가서 물을 마시려다 물에 빠져 죽었는데 그 여인이 주머니에 갖고 다니던 은행 알이 싹이 터서 자라는 동안 우물은 없어지고 은행나무만이 살아남았다고 한다. 또, ③ 약 1,200년 전 신라시대 말기에 지방행정구역을 변경할 때 경계수(境界樹)로 심은 것이라는 설도 있다.

:: 전설

이 마을에서는 은행나무의 잎이 떨어지는 것을 보고 다음해 농사의 풍흉(豊凶)을 점치고 있다. 잎이 한꺼번에 조용히 떨어지면 풍년이 들고 한꺼번에 떨어지지 않고 시름시름 떨어져서 흩어지면 흉년이 들었다고 한다.

벼와 감이 익어가고 있는 마을의 천연기념물 제301호 청도 대전리 은행나무
◉ 관리자: 청도군 ◉ 경상북도 청도군 이서면 대전리 638

천년 고찰 청도 적천사(磧川寺) 앞마당에는 오래된 은행나무 두 그루가 자라고 있다. 적천사 은행나무는 수령 800년, 나무높이 28m의 암나무이다. 1998년 12월 23일 천연기념물로 지정하여 관리해 오고 있다. 천연기념물 은행나무에서 10m 옆에 있는 은행나무는 수령 600년, 나무높이 27m의 수나무이다.

:: 나무 유래/전설

이 은행나무는 보조국사 지눌이 1175년(고려 명종 5년)에 적천사를 중건한 후 짚고 다니던 은행나무 지팡이를 심은 것이 자라난 것이라고 한다.

적천사 가는 길

:: 나무 상태

이 은행나무는 3m 위치까지 한 줄기이며, 그 위부터는 3개의 가지로 나뉘어 성장했다. 이들 3개의 굵은 맹아가 돋아 줄기와 경쟁하듯 높이 자라 에워싸고 있다. 전체적으로 외적 손상이 없고 영양상태가 매우 양호하며 수형이 아름답다. 또한 맹아 및 나무고드름 하나가 유난히 발달해 있다.

적천사는 664년(신라 문무왕 4년)에 원효대사가 토굴 정진을 하면서 처음 터전을 잡은 사찰이다. 1175년(고려 명종 5년) 보조국사(普照國師) 지눌(知訥)이 중창하여 제대로 된 절의 모습을 갖추었다. 이후 임진왜란 때 소실되어 1664년(헌종 5년)에 다시 지었으며, 지금은 자그마한 대웅전을 비롯한 몇 채의 건물로 구성되어 있다. 그 후 1694년(숙종 20년)에 중수하였으나 조선시대 말기에 다시 병화를 입었으며 근래에 명부전과 누각을 중수하였다.

:: 사찰 설화

보조국사 지눌이 절을 중건하려 할 때 도적떼들이 이곳에 모여 살고 있었으

므로 국사가 그들에게 이곳에 절을 세울 것이니 물러가라고 말하였다. 그러
나 도적의 무리들은 물러가지 않고 오히려 대항하였다. 이에 국사가 남산에
올라 가랑잎에 호랑이 '호(虎)'자를 써서 때마침 불어오는 북풍에 신통력으로
날리니 큰 호랑이가 되어 도적들을 몰아내었다고 한다. 지금도 적천사 서쪽
고개를 '다름재' 고개라고 하는데 이는 당시 도적들이 호랑이에게 쫓기어 달
아난 데 연유한 것이다.

:: 사찰 진입로

적천사 부근에 작은 주차장이 있다. 주차
장에 차를 세우고 좁은 길을 따라 가다 보
면 전봇대에 사찰 방향을 알리는 화살표

시가 그려진 것을 볼 수 있다. 길은 승용차 한 대가 지나갈 수 있을 정도의 폭이었다. 한참을 가니 도로포장 상태도 좋아지고 길도 좀 넓어졌다. 사찰 근처에 가서는 다시 길도 좁아지고 경사도 있었다. 작은 주차장에서 사찰까지의 1.5km 정도는 되어 보였다.

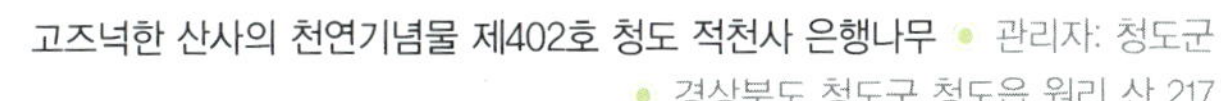
고즈넉한 산사의 천연기념물 제402호 청도 적천사 은행나무 ● 관리자: 청도군
● 경상북도 청도군 청도읍 원리 산 217

안동 송리동(松里洞) 은행나무는 수령 680년, 나무 높이 20m, 가슴높이 둘레 4m의 수나무이다. 이 나무는 지상에서 5가지로 갈라져 자라고 있다. 죽은 가지가 많은데, 한 때는 죽었다가 다시 살아난 지 50여 년이 지난 지금은 잎이 무성한 나무로 잘 자라고 있다.

이 나무는 1983년 9월 29일 시도기념물 제44호로 지정되었으며, 일직 손씨 정평공파 문중에서 소유, 관리하고 있다. 은행나무에서 10m 떨어진 곳에 손홍량이 사용했다는 우물 '정(井)자'형 우물이 있다.

:: 나무 유래

이 은행나무는 고려시대 말기 일직 손씨(一直孫氏) 시조인 정평공(靖平公) 손홍량(孫洪亮)이 당시 나이 20세에 심은 것이다.[68] 정평공은 일직 손씨의 시조로 공민왕이 홍건적의 난을 피해 안동에 몽진했을 때 모신 적이 있는데 이때 왕이 '그대는 참 곧은 사람이다(子誠一直之人)'라고 칭찬하였다고 한다.

68) 손홍량(1287-1379)은 고려시대 공민왕이 홍건적의 난을 피하여 안동(당시 복주)에 파천(播遷)하였을 때 75세의 노구를 이끌고 왕을 극진히 맞아 난의 수습책을 진언하여 난을 평정하는데 크게 이바지하였다.

:: 나무 상태

원줄기 중 중앙줄기 하나는 완전히 썩어서 절단되어 있다.

:: 위치

은행나무는 송리동 마을 가운데에 있으며, 마을 입구에는 손홍량 유허비(遺
墟碑)가 있다. 유허비 우측에 있는 골목길을 따라 700-800m 정도 들어가면 마
을 한 가운데 있는 은행나무를 볼 수 있다.

한 때 고사했다가 회생한 송리동 은행나무 ● 경상북도 안동시 일직면 송리 650-2

영천 임고서원(臨皐書院) 은행나무는 수령 500년, 높이 30m의 암나무이다. 가지는 사방으로 퍼져 있으며, 나무가 자라나는 상태는 비교적 양호한 편이다. 이 나무는 1985년 10월 15일 시도기념물 제63호로 지정되었으며, 임고서원에서 관리하고 있다.

:: 나무 유래

이 나무는 본래 임고서원이 부래산(浮來山)에 있었을 당시 그곳에서 자라고

있었으나 임진왜란 때 소실(燒失)되어 없어진 임고서원을 1600년경 이곳에 다시 지으며 옮겨 심은 것이라고 전해오고 있다. 이 은행나무의 수령을 500년 정도로 추정하고 있는 것은 여기에 근거한 것이다.

:: 서원 연혁

임고서원은 고려시대 말기의 충신이자 유학자인 정몽주(鄭夢周, 1337-1392)의 위패를 봉안하고 있다. 이 서원은 1553년(명종 8년), 임고면 고천동 부래산에 창건하였으나 임진왜란으로 소실되었고, 이후 1603년(선조 36년)에 다시 지었는데, 이때 임금으로부터 이름을 하사 받아 사액서원이 되었다. 1643년(인조 21년)에는 장현광, 1727년(영조 3년)에는 황보인을 추가로 배향하였다.

임고서원과 함께 한 은행나무 ● 경상북도 영천시 임고면 양향리 161번지

88 경주 동부동 은행나무

시도기념물 대구 · 울산 · 경북 – 9

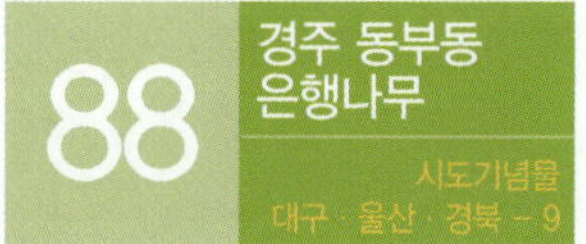

경주 동부동(東部洞) 은행나무는 수령 500년, 높이 19m의 암나무이다. 1986년 12월 11일 시도기념물 제66호로 지정되었으며, 경주시가 관리하고 있다. 보호수가 아닌 다른 은행나무 한 그루가 10m 떨어진 곳에 있는데 이 나무도 열매가 많이 열려 있는 암나무이다. 생육상태는 비교적 양호한 편이다.

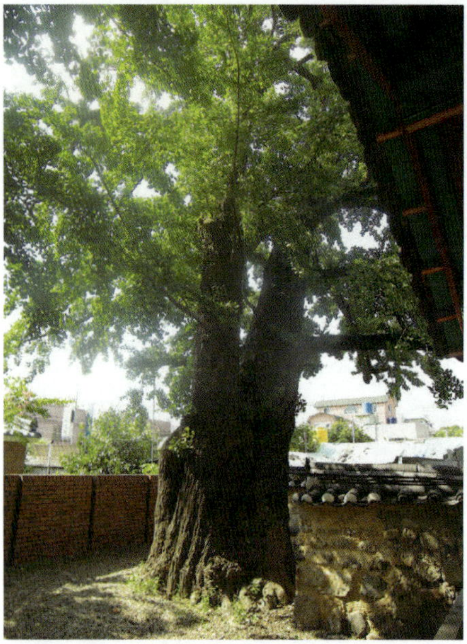

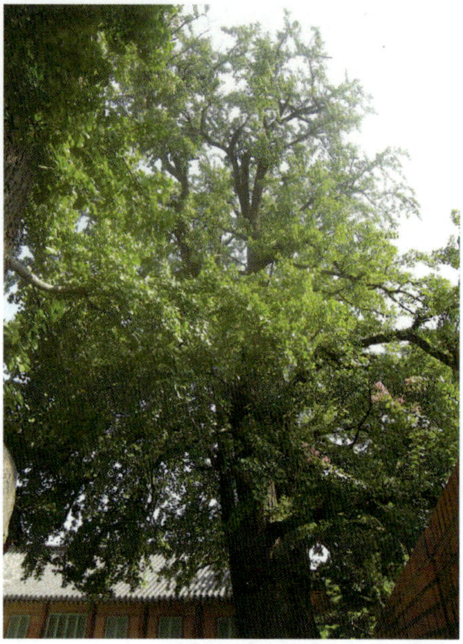

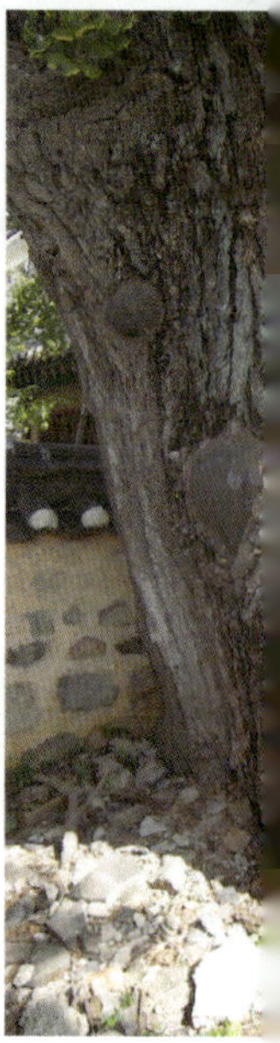

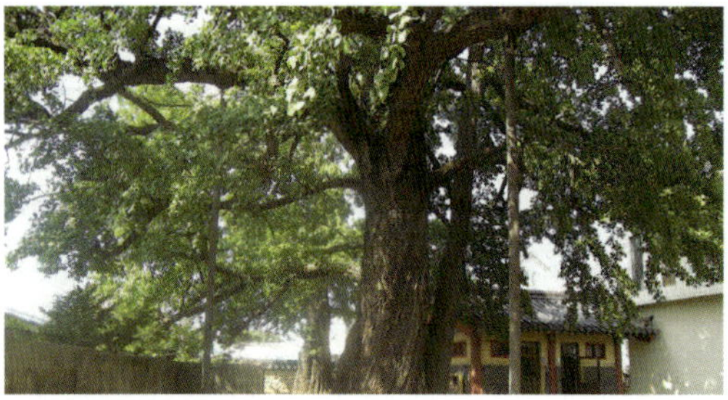

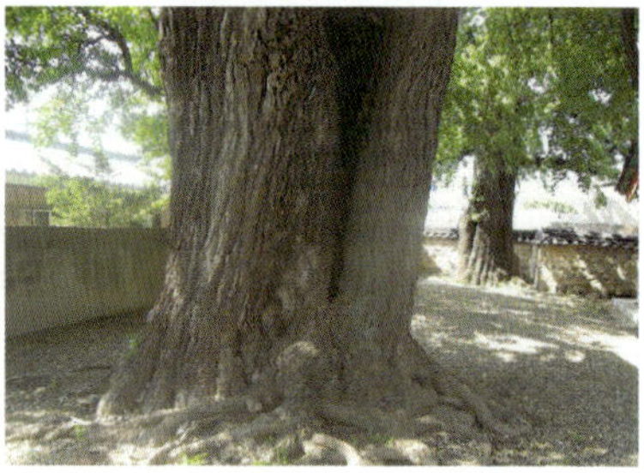

:: 나무 유래

이 나무는 조선시대에 경주부(慶州府) 동헌(東軒)을 지으면서 심은 것이라고 전해진다.

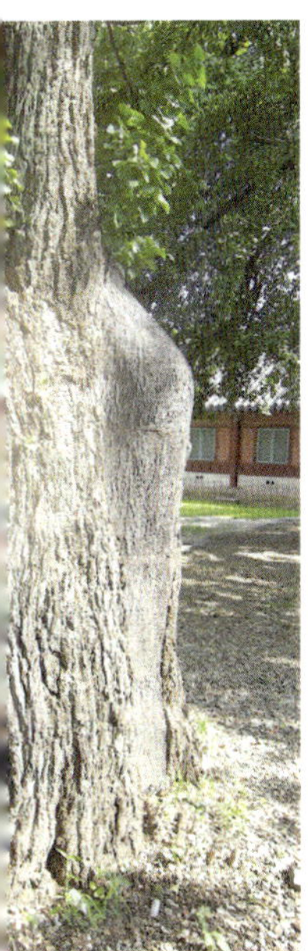

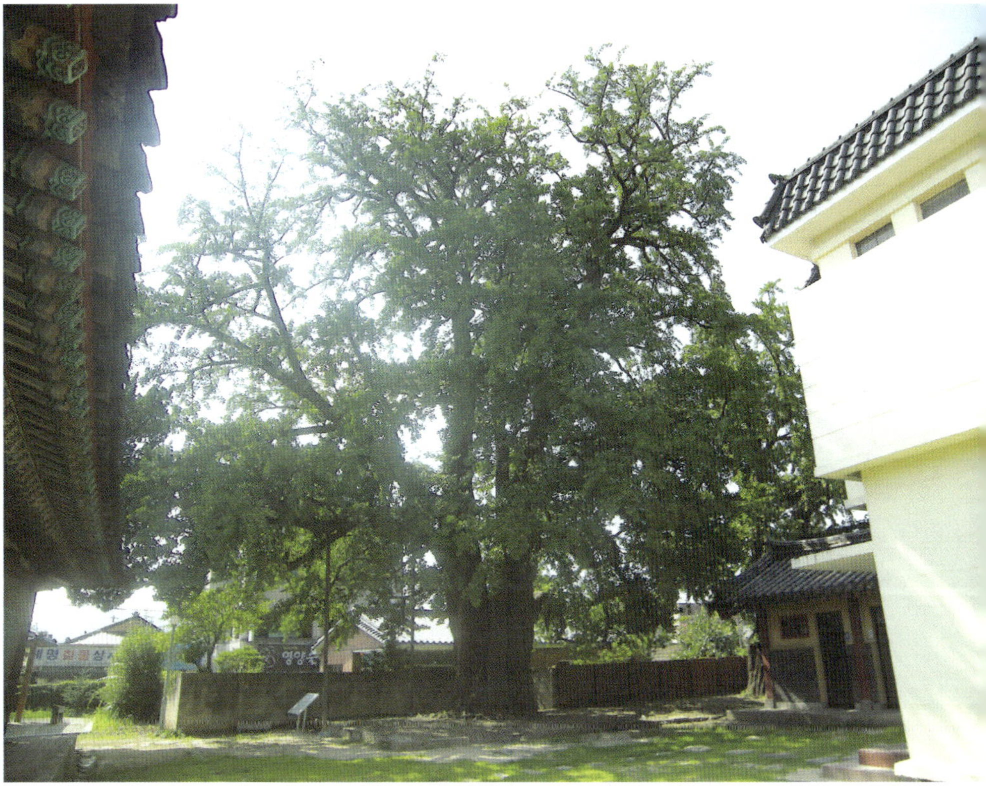

낮은 곳에서부터 두 갈래로 나뉘어 자란 동부동 은행나무 • 경상북도 경주시 동부동 193번지(경주문화원 경내)

상주 두곡리(杜谷里) 은행나무는 수령 450년, 높이 16m의 암나무이다. 가지는 동서방향으로 약 22m, 남북방향으로 약 23m 뻗어 있다. 가지가 사방으로 퍼져 있는 이 나무의 성장상태는 양호하다. 이 나무는 1987년 5월 13일 시도기념물 제75호로 지정되었으며, 구산 곽씨 문중에서 관리하고 있다.

:: 나무 유래

두곡 2리(띄실마을)는 1530년경에 형성된 마을이다. 진주 류씨(晉州柳氏)가 마을 뒷산에 부모의 묘소를 모시고 묘소 옆에 따로 띄집을 짓고 시묘살이를 하여 '띄실'이라 불렀다고 한다. 시묘살이 할 당시에 자연 발아하여 자라난 것이 이 은행나무이다.

:: 나무 상태

나무 원줄기의 상당부분이 썩어 수술을 한 것이 보인다. 습한 지역인 듯 나무 꼭대기까지 이끼가 끼어 있다.

:: 전설

마을 사람들은 낙엽지는 생태를 보고 풍년과 흉년을 점쳐왔다. 가을날 은행잎이 며칠 사이에 다 떨어지면 다음해에 풍년이 들고 1-2주일 사이에 잎이 떨어지면 흉년이 든다는 이야기가 전해진다. 또 한국전쟁 때에는 이 은행나무가 있는 띄실마을에는 피해가 없었다고 전해져 마을 사람들은 이 은행나무가 마을을 보호하고 지켜주는 덕목(德木)이라고 믿고 있다.

이끼가 높은 가지 위에 까지 끼어 있는 두곡리 은행나무 ● 경상북도 상주시 은척면 두곡리 640번지

금릉 추량리(秋良里) 은행나무는 수령 400년, 높이 37m의 암나무이다. 이 나무는 1993년 8월 18일 시도 기념물 제91호로 지정되었다.

이 나무는 예전이나 지금이나 변함없이 마을 주민들의 휴식공간이 되고 있으며, 과거에는 매년 50말 정도의 은행을 수확했다고 한다. 키가 크고 수세가 왕성한 나무이다.

:: 나무 유래

이 은행나무는 서산 정씨(瑞山鄭氏) 문중의 소유로 서산 정씨 6세손 사신(斯信)이 김천시 봉산면(봉계)에서 추량으로 이주하고, 그 11세손 처우(處祐)가 동몽교관(童蒙敎官)을 지낸 후 이 마을에서 살면서 단을 쌓고 은행나무 한 그루를 심은 것이 자란 것이라고 한다. 나무 아래에는 처우가 심었다는 기념비와 서산 정씨 재실(齋室)과 행촌(杏村)의 비가 있다.

한국전쟁(1950) 발발 직전 전란을 예언이나 하듯 3개의 큰
나뭇가지가 한꺼번에 땅에 떨어진 적이 있었다고 한다.

마을 주민들의 휴식공간 추량리 은행나무 ● 경상북도 김천시 대덕면 추량리 298번지

청도 하평리(下平里) 은행나무는 수령 500년, 높이 27m의 암나무이다. 산기슭 경사지에 있어서 뿌리가 흙 위에 길게 드러나 있다. 산 중턱 과수원 한가운데 있으며, 수세가 특히 왕성하다. 이 나무는 1995년 6월 30일 시도기념물로 지정되었으며, 청도군에서 관리하고 있다.

:: 나무 특색

이 나무에는 나무 고드름이 수십 개나 형성되어 있다. 전국 110여 그루의 은행나무 가운데 나무고드름이 가장 많은 나무로 보인다. 뿌리의 뻗기 또한 특히 왕성하여 나무 주변 사방으로 뻗어 지상으로도 표출되어 있다. 가지 중 북동쪽을 향해 뻗은 가지는 땅 밑쪽으로 작은 줄기들을 내리고 있다. 나무 바로 밑에는 과수원을 중심으로 민가가 여러 채 있다.

나무 밑 민가에는 김해 김씨 가문의 후손이 살고 있었는데, 이곳에 거주하는 김현도(84세) 씨는 나무뿌리 밑에는 암석이 많아서 뿌리가 지상으로 올라온 것이며, 뿌리는 근방의 감나무 과수원에 까지 널리 퍼져 있다고 말해 주었다.

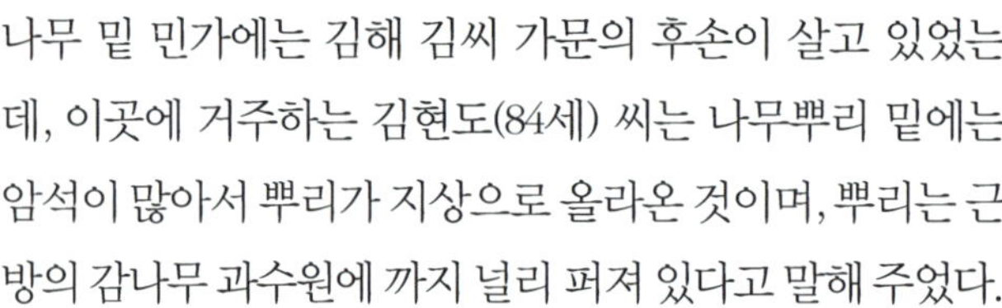

하평리 은행나무는 나무고드름과 뿌리가 인상적이어서 청도 자계서원을 다녀오는 길에 다시 한번 들렀다. 두 번째 들렀을 때는 은행열매가 수없이 맺혀 있었고 땅에도 떨어져 있었다. 은행열매가 다른 재래종 나무의 은행에 비해 훨씬 크다.

땅 위로 올라와 있는 뿌리

수없이 달려 있는 나무고드름

:: 나무 유래

이 은행나무는 낙안당 김세중(樂安堂 金世中, 1484-1553)이 1509년(조선시대 중종 4년)에 심은 것이다.

:: 전설

이 나무의 낙엽이 지는 기간은 보통 10일 정도 걸리는데, 짧은 기간에 한꺼번에 낙엽이 지면 풍년이 들고, 10일 이상 걸리면 흉년이 든다는 전설이 전해오고 있다. 또 김현도씨에 의하면 이 은행나무 그늘이 언덕 아래에 있는 개천물에 비쳐 그것이 마치 이 은행나무와 짝을 이루고 있는 듯 보였으며 그래서 부근에 수나무가 없어도 이 나무에 은행열매가 여는 것이라는 이야기가 전해지고 있다고 한다.

:: 제례

마을사람들은 해마다 대보름날에 이 나무에서 마을제사(洞祭)를 지내고 있다.

지상으로 뻗친 뿌리와 수많은 나무고드름이 특징인 하평리 은행나무
◉ 경상북도 청도군 매전면 하평리 1323번지

도동서원(道東書院) 입구에 은행나무 한 그루가 나뭇가지와 은행잎을 잔뜩 드리우고 있다. 수령 400년인 이 나무는 높이 20m, 수관 폭 31m의 수나무이다. 은행나무는 하늘을 향해 뻗어 올라가는 기운이 강해서 선비를 양성하는 서원이나, 향교 앞에는 두 그루 이상 심어져 있는 것이 보통이다. 이 은행나무는 도동서원과 400년 이상의 세월을 함께 하였으며, 1982년 10월 29일에 보호수로 지정되었다.

:: 나무 유래

도동서원의 은행나무는 1607년(조선시대 선조 40년)에 한훤당 김굉필의 외증손이며 퇴계의 고제인 한강 정구(鄭逑)가 도동서원이 사액된 것을 기념하여 심은 나무이다. 당시 정구는 안동부사로 재직 중이었다. 도동서원은 '공자의 도(道)가 동쪽으로 왔다'는 뜻이다.

땅으로 내려온 줄기

:: 나무 상태

밑으로 처진 가지가 힘에 부치므로 콘크리트 기둥을 세워 가지를 보호하고 있다. 고사 위기에 있던 1992년 12월부터 토양소독, 해충방제를 실시하고, 배수로를 만들었으며, 생장촉진제를 주사하여 생장을 돕고 있다.

은행나무는 1970년대 중반 울음소리를 내었다고 한다. 그러다가 며칠 지나자 북쪽으로 뻗은 가지가 부러졌는데 나무 밑에서 놀던 어린이들은 아무도 다치지 않았다고 한다. 자신이 부러지면서도 어린이들을 보호한 나무이지만 오랜 연륜에는 어쩔 수 없는지 지금은 굵은 콘크리트 기둥(1977년 설치) 5개에 의지하고 있다.

도동서원은 조선 5현의 첫머리(首賢)를 차지하는 문경공(文敬公) 한훤당(寒暄堂) 김굉필(金宏弼)의 도학을 계승하기 위하여, 퇴계 이황과 한강 정구의 주도로 유림의 협조를 받아 세워졌다. 1607년 선조 대왕 40년에 도동서원으로 이름 지은 현판을 하사받고 사액서원이 되었다. 도동서원은 건물 앞으로는 낙동강이 흐르고 있으며, 뒤로는 나지막한 산을 배경으로 하고 있다.

학문과 풍류의 멋이 느껴지는 도동서원 은행나무 ● 대구시 달성군 구지면 도동리 35번지

소수서원(紹修書院)에는 보호수 은행나무가 두 그루 있다. 나란히 서 있는 두 그루 은행나무는 수령이 모두 500년이며, 나무 높이도 모두 13m이고 모두 암나무이다. 이 은행나무는 학자수(學者樹)라는 별칭을 가지고 있다. 굵은 줄기 밑에서 자목, 손목들이 자라고 있다.

:: 나무 유래

69) 서원이 건립되기 전에 그 자리에는 사찰 숙수사가 있었는데, 1457년에 화재가 발생하여 불에 탔다고 한다. 숙수사의 당간지주는 보물로 지정되어 있다.

이 은행나무의 유래와 관련해서는 두 가지 설이 있다. 하나는 이 은행나무가 숙수사(宿水寺) 건립 때 심어졌다는 설이고, 다른 하나는 소수서원 건립 때 심어졌다는 설이다.[69] 숙수사 건립설을 따른다면 수령 1,000년이 되고, 소수서원 건립설을 따르면 수령은 500년이 된다.

:: 숙수사

보물로 지정된 당간지주로 알 수 있듯이 이곳에는 숙수사(宿水寺)가 있었는데, 숙수사의 폐사와 관련해서는 조선시대에 숭유억불 정책의 영향을 받아 관군(官軍)의 방화로 인하여 불에 타서 폐허가 되었다는 설이 있다.

:: 소수서원

소수서원은 1542년과 1543년에 풍기 군수였던 주세붕(周世鵬)이 고려시대
말기의 유현인 안향의 사당을 숙수사 터에 세우면서 시작된다. 초기의 이
름은 백운동 서원(白雲洞書院)이었는데 퇴계가 풍기 군수로 부임하면서 서
원을 인정해 줄 것을 요청했다. 이에 명종은 1550년 친필로 쓴 '소수서원'이

숙수사 당간지주

란 편액을 하사했다. 소수서원은 "이미 무너진 유학을 다시 이어 닦게 한다"
란 뜻을 남고 있다. 소수서원은 영귀포란정 즉 거북이가 알을 품고 있는 형
상이라고 한다. 한국 최초의 서원이며, 1963년 1월 21일 사적 제55호로 지정
되었다.

'학자수'라는 별칭을 듣는 소수서원 은행나무(사진 중앙) ● 경상북도 영주시 순흥면 내죽리 151번지

영주시 순흥면 내죽리 금성단(錦城壇) 옆에는 은행나무가 한 그루 자라고 있다. 이 나무는 수령 1,200년, 높이 33m의 암나무이며, 1982년 10월 26일 보호수로 지정되었다.

안내판에는 수령이 1,100년이라고 되어 있으나 은행나무 옆에서 밭일하던 아주머니는 이 나무의 나이는 실제로는 1,100년이 훨씬 더 되었다고 말을 해 주었다. 나무 곳곳에 딱따구리가 쪼아 놓은 자국이 보인다. 나무고드름이 보이고, 나무의 끝가지들은 잘라져 있었다. 남쪽으로 뻗은 가지 하나는 거의 땅에 닿을 정도로 늘어져 있다.

:: 나무 내력

순흥에서 북서쪽으로 1km 쯤 가면 오른편에 소수서원이 있고, 조금 지나면 죽계천을 건너는 제월교가 있다. 이것이 옛 순흥의 청다리이고 이 청다리에 못미처 왼쪽으로 100m 쯤에 금성대군의 위패를 봉안한 금성단이 있다. 금성단 뒤 서쪽에 은행나무가 있다. 이 은행나무는 조선시대 세종의 여섯째 왕자인 금성대군이 단종의 복위운동과 관련하여 파란을 겪은 곳이다.

금성대군은 1456년에 사육신의 단종 복위운동에 연루되어 순흥으로 유배당해 이 은행나무 부근 서쪽에 격리되어 살게 되었다.

:: 단종 복위운동

단종 복위운동은 1456년(세조 2년), 성삼문 등이 중심이 되어 세조를 살해하고 단종을 복위시키려고 했던 사건이다.

1452년 단종이 즉위하자 수양대군은 1453년에 황보인·김종서를 제거하고 단종을 핍박하였다. 1455년 단종은 한명회·권람 등의 강요에 더 이상 견디지 못하여 수양대군에게 왕위를 물려주고 상왕(上王)이 되었다.

성삼문·박팽년·하위지·이개·유응부·유성원 등이 1456년에 단종 복위를 도모하다가 적발되어 모두 처형되었으며, 단종은 1457년 상왕에서 노산군(魯山君)으로 강봉되어 강원도 영월로 유배되었다.

두 번째 단종 복위운동은 금성대군이 순흥에 유배되어 있을 당시 그곳 부사 이보흠과 모의하여 단종을 복위시킬 계획을 세우다가 이를 엿들은 관노의 밀고에 의해 실패하였다. 1457년 9월 순흥에서 관노가 단종복위를 도모하는 이들의 모반계획을 밀고하니 거사를 도모하던 사람들이 체포되어 비참한 최후를 맞이하게 되었다. 이때 수천 명이 잡혀 죽게 되었고, 시체들은 소수서원 앞 죽계천에 버려져 그들의 피가 냇물을 따라 15리 가량이나 흐르다 끝난 곳이 있는데 그곳은 지금도 '피끝마을'이라는 지명으로 남아있다고 한다.

:: 금성단

금성단은 조선시대 세조 때 단종의 복위를 도모하다가 화를 당한 세종의 아들 금성대군(錦城大君, 1426-1457)과 이보흠(李甫欽) 등 그 사건에 연루되어 목숨을 잃은 많은 이름 없는 의사들의 넋을 위로하는 제단이다.

금성대군을 중앙에 모시고, 이보흠을 오른편에, 그리고 이름 없는 많은 의사들을 왼편에 모신 순의비(殉義碑)가 있으며, 해마다 봄과 가을에 그 앞에서 제사를 지내고 있다.

금성대군이 화를 당한지 200여 년 후인 1719년(숙종 45년)에 부사였던 이병하가 억울하게 목숨을 잃은 수많은 이들의 넋을 위로하기 위해 단(壇)을 설치하였고, 1742년(영조 18년) 경상감사였던 심성희가 그 단을 정비하여 지금의 금성단의 모습을 갖추게 되었다.

:: 진설

이 은행나무는 1629년(조선시대 인조 7년)에 불에 타서 일부만 남아 있었다. 금성단 곁에는 금성단을 내려다보는 은행나무가 있는데 "은행나무가 다시 살아나면 순흥이 회복되고, 순흥이 회복되면 노산군도 복위된다"는 전설을 지니고 있다. 이 은행나무의 이야기는 화를 당한 당시의 순흥사람들이 굳게 믿고 있었다고 한다. 은행나무는 1681년에 밑동부터 살아나기 시작하였고, 순흥부가 폐부(廢府)된 지 228년만인 1683년(숙종 9년)에 단종 복위가 이루어졌다. 이 은행나무는 지금도 1,200년의 수령을 자랑하며 의연히 자라고 있다.

단종 복위운동을 지켜 본 금성단 은행나무
● 경상북도 영주시 순흥면 내죽리 98번지

영주 풍기읍사무소 은행나무

보호수
대구·울산·경북 — 16

영주시의 시목은 은행나무이다. 그래서 풍기읍사무소 건물에도 영주시의 상징인 은행잎 문양이 그려져 있는 것을 볼 수 있다. 풍기읍사무소 앞마당의 은행나무는 수령 730년, 높이 20m, 가슴높이 둘레 2.53m의 암나무이다. 1982년 10월 26일 보호수로 지정되었다.

읍사무소 경내에는 은행나무 외에도 옛 풍기군수 선정비(善政碑)가 있다. 여러 곳에 산재해 있던 것을 1973년에 읍사무소 앞뜰로 옮겨 놓은 것이다.

풍기읍사무소 앞의 은행나무 ● 경상북도 영주시 풍기읍 성내라 22번

서석지(瑞石池) 은행나무는 수령 400년, 나무높이 20m의 암나무이다. 1982년 11월 10일 보호수로 지정받아 관리되고 있다.

:: 서석지

서석지는 조선시대 때 성균관 진사를 지낸 석문 정영방(鄭榮邦, 1577-1650)의 별장으로 보길도의 부용동 정원, 담양의 소쇄원과 더불어 3대 한국 정원으로 꼽히는 아름다운 정원이다.

서석지 연당(蓮塘)에는 연꽃 등 수초가 자라고 서석군은 동편 연못바닥을 형성하는데 크고 작은 암반들이 각양각색의

형태로 솟아 있다. 돌 하나하나에 모두 명칭이 붙어 있다. 서석지라는 이 연못의 이름도 연못 안에 솟은 서석군(瑞石群)에서 유래한다.

정영방이 자연의 오묘함과 아름다움에 심취하여 은거생활의 낭만을 즐긴 서석지는 연꽃이 곱게 피는 7~8월이 가장 아름답다. 서석지에 들어서면 은행나무 뿐만 아니라 그늘이 드리워진 연못에는 연분홍 연화가 곱게 펴 자태를 뽐내고 있다. 서재인 주일재 뜰에는 소나무, 대나무, 매화나무 등의 나무가 자라고 있다.

∷ 건물 구조

서석지 정자문을 들어서면 왼편 서단에는 규모가 큰 경정(敬亭)이 자리하고 있다. 경정은 넓은 대청과 방 2개로 되어 있는 큰 정자이다. 맞은쪽 연못가에는 3칸 서재인 주일재(主一齋) 마루에는 운루헌(雲樓軒)이라고 쓴 편액(扁

額)이 걸려 있다. 주일재 앞 화단에는 송죽매국(松竹梅菊)을 심어 사우단(四
友壇)을 만들었다. 그리고 정자인 경정의 뒤편에는 수직사(守直舍) 두 채를
두었는데 큰채에는 자양재(紫陽齋)라고 쓴 편액이 걸려 있다.

아름다운 정원, 격조 있는 건축물 그리고 서석지 은행나무 ● 경상북도 영양군 입암면 연당리 431번지

봉정리(鳳亭里) 은행나무는 수령 700년, 나무높이 18m의 암나무이다. 나뭇가지는 동서로 14m, 남북으로 10m 뻗어 있다. 1982년 10월 26일 보호수로 지정되었다. 안내문에는 700년으로 되어 있으나 마을 사람들은 1,000년이 넘는데 당국에서 인정을 안 하여 준다고 말한다.

:: 나무 유래

언제 누가 이 나무를 심었는지, 아니면 원래부터 이 자리에서 자라났는지는 확실하게 전해지는 바가 없다. 봉정리 은행나무는 몽고군의 침입 때에도 이 자리에 있었고, 임진왜란·정유재란·병자호란·동학혁명 등 국가적 변란기에도 이 자리에서 시대상황을 묵묵히 지켜본 나무이다.

:: 나무 상태

이 나무는 수십 년 전에는 밑동에 커다란 구멍이 나 있어 어린 아이들의 놀이터가 되기도 하였다. 나중에 외과수술을 받아 구멍은 메워졌다. 밑동 주변 3분의 1 정도의 면적이 시멘트로 발라져 있다.

이 나무는 오른쪽 가지가 부러져 아래로 축 처져 있는데 더 이상 내려오지 않도록 쇠파이프로 지지대를 만들어 받쳐주고 있다.

굵은 줄기들이 여러 개 정리되어 있었는데, 특히 북쪽방향으로 뻗어있는 가지들은 남아있는 가지가 휘어 있는 것으로 보아 땅으로 늘어져 있거나 땅으로 가지가 휘었던 것으로 보인다.

나무고드름이 수피에 붙어 있는 형태로 1-2개 정도 있다. 나무 사진을 찍고 있는데 주민 한 분이 다가와서 이 은행나무는 과거 여러 차례 벼락을 맞은 적이 있다고 설명해 주었다.

:: 마을 유래

고려시대 말기 나씨(羅氏) 문중의 사람들이 이 마을에 들어와 봉산(鳳山)이라 하였고, 조선시대에는 마을이름을 봉정리라고 개칭하였다.

마을 뒤(서북쪽)에 봉황 머리모양의 산이 펼쳐져 있고 마을 안에는 냉천(冷泉)과 큰 정자나무가 있다하여 봉정리라고 하였다고 한다.

:: 제례/일화

마을 주민들이 늘 이 나무 밑에서 동제를 모셨다고 한다. 나무에 올라가 떨어져도 사람이 다치지 않고, 오래된 가지가 부러져도 그 아래에 있던 사람이 다치지 않도록 미리 '찍찍' 소리를 내어 피할 시간을 주는 신령한 나무였다고 한다.

천등산 기슭에 있는 봉정사에는 수령 430년, 나무 높이 23m의 은행나무(암나무)가 한 그루 자라고 있다. 나무뿌리가 암석을 덮고 있으며, 약한 암반 부위를 파고 들어갔거나 암석 위로 뿌리를 뻗어 내렸다. 뿌리 밑으로 넓은 공간이 있는데, 비탈에 있어서 비가 오거나 하면 흙이 쓸려 내려가 공간이 생겨난 것으로 보인다. 이 나무는 1982년 10월 29일 보호수로 지정받아 관리되고 있다.

대웅전 좌우에 무량해회(無量海會) 건물과 화엄강당(華嚴講堂) 건물이 있다. 1999년 영국 엘리자베스 여왕이 한국을 방문했을 때 이 사찰을 방문하여 세간의 화제가 되기도 했다. 이곳 천등산 등산로는 영화 '달마가 동쪽으로 간 까닭은?'의 촬영지이다.

비탈 암반 위에 자리잡은 관계로 뿌리가 노출되어 있다.

봉정사(鳳停寺)는 대한불교 조계종 제16교구 본사인 고운사의 말사 중 하나이다. 봉정사는 672년(신라시대 문무왕 12년)에 의상대사가 부석사에서 날린 종이 봉황이 이곳에 내려 앉아 절을 건립하게 되었다고 한다. 극락전에서 발견된 상량문에 의하면 의상대사의 제자인 능인대덕(能仁大德)이 이 사찰을 창건한 후 조선시대까지 6차례에 걸쳐 중수하였다. 봉정사에는 국보 제15호인 극락전, 보물 제55호인 대웅전, 보물 제448호인 화엄강당, 보물 제449호인 고금당, 덕휘루, 무량해회, 삼성각 및 삼층석탑이 있다.

은행 잎 무성한 한여름의 봉정사 은행나무(건물 지붕 왼쪽) ● 경상북도 안동시 서후면 태장리 901번지

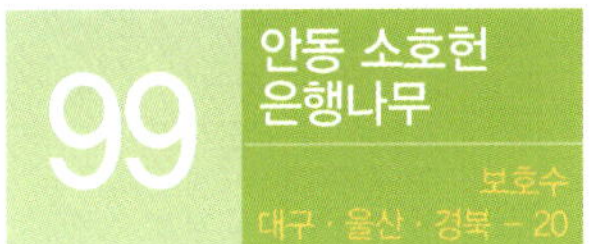

안동시 일직면 망호리에 위치하고 있는 소호헌(蘇湖軒)은 조선시대 중기의 별당 건축물이며, 1968년 12월 19일 보물 제475호로 지정되었다. 망호리는 목은 이색의 후예인 한산 이씨 일족이 살고 있는 마을이다.

소호헌 은행나무는 수령 550년, 나무높이 10m의 수나무이다. 1982년 10월 26일 보호수로 지정되었으며, 안동시에서 관리하고 있다. 나무 원줄기는 거의 말라 죽은 상태에 있고, 자목이 자라 모목을 감싸고 있다.

:: **건물 연혁**

소호헌은 조선시대 때 문신 서해(徐嶰)가 서재로 쓰기 위해 명종(재위 1545-1567) 때 지은 별당이다. 규모는 앞면 4칸·옆면 2칸이며 지붕은 옆면에서 볼 때 여덟 팔(八)자 모양을 한 단층 팔작지붕의 목조 기와집이다.

원줄기는 고사상태에 있고 자목들이 크게 성장한 소호헌 은행나무 ● 경상북도 안동시 일직면 망호리 562번지

안동시 정상동 귀래정(歸來亭) 뒤에는 수령 500년, 나무높이 20m의 은행나무가 자라고 있다. 이 나무는 1982년 10월 26일 보호수로 지정된 수나무이며, 현재 귀래정 뒤편의 강변 대로변에 서서 한쪽으로는 귀래정을, 한쪽으로는 강을 내려다보고 있다. 나무의 남동쪽 방향 줄기 하단부에 큰 수술흔적이 있다.

:: 나무 유래

조선시대 정자 귀래정 앞에는 이굉(李肱, 1440-1516)의 신도비가 서 있고, 현재의 귀래정은 도로확장공사로 인해 원래의 위치에서 20m정도 뒤쪽으로 옮

겨진 건물이다. 은행나무는 옮기기 전에는 귀래정 담 안에 있었으나 귀래정이 옮겨지면서 지금은 귀래정의 담장 밖에 서 있다. 따라서 이 은행나무는 1513년에 귀래정을 건축할 때 이굉이 심은 것으로 추정되고 있다.

:: 귀래정

고성 이씨가 안동지역에 들어와 정착하게 된 것은 조선시대 세종 때 좌의정을 지낸 이원(李原)의 아들 이증(李增, 1419-1480) 때의 일이다. 이증은 현감을 지낸 후 안동지역에 들어와 지역선비 12명과 함께 1478년에 일종의 지식인 모임인 우향계(友鄕契)를 맺어 지역의 교육과 주민 계몽에 힘썼다. 이증의

둘째 아들 이굉이 1513년에 낙동강 물이 합쳐지는 이곳에 귀래정을 지었다.

이굉은 1464년(세조 10년) 진사시에 합격하고, 1480년(성종 11년) 식년문과에 병과로 급제하여, 전적(典籍)이 된 뒤 군위현감·세자시강원문학·사간원헌납·사헌부지평·공조정랑·청도군수·사재감첨정·봉상시부정 등을 지냈다.

그는 1500년(연산군 6년)에는 사헌부집의를 거쳐 예빈시정·승문원판교·상주목사를 역임하였으나, 1504년 갑자사화에 김굉필(金宏弼) 집단으로 분류되어 관직이 삭탈되었다. 1506년 중종 반정 뒤에 다시 기용되어 충청도 병마절도사·경상좌도 수군절도사·개성부유수 등을 지냈고, 1513년(중종 8년)에 나이가 많아 사직한 뒤 고향인 안동에 내려와 귀래정이라는 정자를 짓고 이곳에서 풍류생활을 하였다.

500년 수령의 귀래정 은행나무
◉ 경상북도 안동시 정상동 770번지

경주 운곡서원
은행나무

보호수
대구·울산·경북 – 22

경주시 강동면 왕신리의 왕신저수지 동쪽 청수골에 위치한 운곡서원(雲谷書院)은 고려 공신 안동 권씨의 시조 태사 권행, 죽림 권산해, 귀봉 권덕린을 제향하는 곳이다. 1785년(조선시대 정조 9년), 그들의 후손들이 이곳에 추원사(追遠祠)를 세우고 권산해·권덕린을 배향해 왔으나 1868년(고종 5년) 서원 철폐령에 의해 헐리게 되었다. 그 뒤 1903년(광무 7년)에 단을 만들어 제향하다가 1976년 신라 밀곡사(密谷寺) 터로 추정되는 곳에 안동 권씨 문중에서 중건하였다. 운곡서원 은행나무는 수령 350년, 높이 25m의 수나무이다.

:: 나무 유래

운곡서원 부속건물인 향정원 앞에서 자라고 있는 이 은행나무는 죽림 권산해의 후손인 권종락이, 단종 때 권산해의 억울함을 풀어주기 위해, 서울을 왕래할 때 순흥에 있는 은행나무의 가지를 꺾어다가 심은 것이라고 한다.[70]

:: 운곡서원 배향

권행은 본래 신라의 김씨로 고창군수로 있으면서 신라의 국운이 다함을 보고, 태조 왕건에게 귀의한 뒤 견훤을 격파하고 고려를 세우는데 큰 공을 세웠다. 태조가 '권행은 기미를 잘 알아 권도를 썼으니 권(權)에 능하다.' 하며, 권씨 성(姓)을 내리고 태사벼슬을 내리니, 곧 안동 권씨의 시조가 되었다.

권산해는 권행의 후손으로 종부사첨정으로 있다가 단종이 귀양을 가자 벼슬에서 물러났고, 그 뒤 세조가 여러 번 불렀으나 나아가지 아니하였다. 성삼문 등이 단종 복위를 도모하다가 탄로가 나 잡히자 투신자살하였다. 1789년(정조 13년)에 관직이 복위되고, 1791년에 이조참판에 추증되었으며, 정려(旌閭)가 내려졌다. 영월 장릉(莊陵)의 충신단(忠臣壇)과 동학사(東鶴寺)의 숙모전(肅慕殿)에 배향되었다.

권덕린은 권행의 후손으로 회재 이언적의 문하에서 수업하고, 1553년(명종 8년) 25세에 문과에 급제하였다. 예조정랑 · 병조정랑 등을 역임하였고, 이언적이 유배지에서 죽자 그를 위해 옥산서원을 창건하였다. 1573년(선조 6년) 45세에 사망한 후 운천서원(雲泉書院)에 제향하였는데, 뒤에 이곳으로 옮겨 배향하고 있다.

운곡서원

향정원

:: 향정원

운곡서원 옆에 향정원이
라는 곳이 있다. 간단한
전통 식사를 제공하는 곳
이다. 향정원은 두 채의
아주 작은 가옥인데 운곡
서원을 관리하는 관리동
의 목적으로 지어진 건물
이다.

위로 올라가면서 줄기가 확장된 것이
특징인 운곡서원 은행나무
경상북도 경주시 강동면 왕신리 78번지

자계서원(紫溪書院) 경내에는 수령 500년, 높이 31m의 은행나무 두 그루가 자라고 있다. 왼쪽 나무 중앙줄기 중 하나가 줄기 중간에 외과수술을 한 흔적이 보이지만 이곳의 은행나무는 비교적 관리가 잘되고 있었다. 이 은행나무는 1983년 1월 25일 보호수로 지정되었다.

:: 나무 유래

자계서원의 은행나무는 김일손이 생전에 손수 심은 것이다. 두 그루가 있는데, 한 그루에는 외줄기에 가지가 두 개 있고, 다른 하나에는 맹아(萌芽)가 수없이 많이 돋았을 뿐 아니라, 큰 줄기만 해도 7개나 있다. '탁영 수식목(濯纓 手植木)'이라는 안내판이 있다.

:: 서원 연혁

자계서원은 조선시대 초기 문신이며 학자인 탁영(濯纓) 김일손(金馹孫)을 배향하기 위해 1518년(중종 13년)에 창건한 서원이다. 자계사(紫溪祠)를 창건하여 김일손의 위패를 모셨으며, 1576년(선조 9년)에 서원으로 승격되었다. 선조 11년(1578)에 다시 지었으며, 임진왜란으로 불타 없어진 것을 1615년(광해군 7년)에 다시 짓고 김극일(金克一), 김대유(金大有) 두 사람을 추가로 배향했다. 1661년(현종 2년)에 '자계(紫溪)'라는 사액을 받아 사액서원(賜額書院)이 되면서 공인과 경제적 지원을 받게 되었다. 1871년 흥선대원군의 서원철폐령으로 없어졌다가 1984년에 복원되었다.

:: 김일손

본관이 김해인 김일손(1464-1498)은 이곳에서 태어나 어린 시절을 보냈다. 17세까지 할아버지 김극일로부터 '소학', '동사강목', '사서' 등을 배웠으며, 이어 점필재 김종직의 문하에 들어가 김굉필, 정여창, 강혼 등과 함께 학문의 깊이와 폭을 넓혔다. 23세 되던 해인 1486년(성종 17년) 문과에 급제 벼슬길에 나아갔다.

1491년(성종 22년) 장래가 촉망되는 문신(文臣)에게 주어지는 사가독서(賜暇讀書)에 뽑혀 학문연구와 독서에 열중하였다. 이어 정언, 이조좌랑 · 정랑 등을 두루 거치면서 공직자로서 자질을 더욱 향상시켰다. 한 때 글의 음운이

나 제도 등에 관한 의문점을 중국에 가서 알아오는 임시직인 질정관(質正官)이 되어 명나라에 가서 그곳 학자들과 교유하면서 정유라는 사람이 지은 소학집설(小學集說)을 가지고 귀국하여 우리나라에 전파했다.

:: 무오사화 연루

김일손은 1498년(연산군 4년)에 『성종실록(成宗實錄)』을 편찬할 때 스승 김종직(金宗直)이 쓴 『조의제문(弔義帝文)』을 사초(史草)에 실은 것이 화근이 되어 참화를 당하였다. 그렇지 않아도 사림파를 제거하기 위해 기회를 엿보고 있던 훈구파들은 김종직과 김일손이 대역부도(大逆不道)를 도모했다고 연산군에게 보고하였고 크게 노한 연산군은 죽은 김종직의 관을 쪼개어 목을 잘랐을 뿐 아니라 그가 쓴 책마저 불살라 버리고 관련자를 처형했다.

온 몸이 갈기갈기 찢기는 능지처사(陵遲處死)를 당한 사람은 김일손, 권오복, 권경유이고, 곤장 100대에 3천리 유배된 사람은 표연수, 정여창, 홍한, 이총, 강경서, 이수공 등이며, 이주, 김굉필, 박한주 등은 장 80대에 유배형에 처해졌다. 밝고 투명한 사회를 만들어 보려던 선비 김일손은 35세의 젊은 나이에 유명을 달리하였다.

이 사건을 무오사화(戊午史禍)라 한다. 훗날 김일손에

대해 바른 평가가 내려지면서 조선시대 순조 대에 이르러 그는 이조판서에
추증(追贈)되었다.

:: 김일손 문학시 비
은행나무 두 그루 사이에 탁영의 문학비가 서 있다. 이 시는 1489년(성종 20년)
4월 29일 그의 나이 26세 때 섬진강에서 지리산을 바라보며 읊은 시이다.

滄波萬頃櫓聲柔	푸른 물결 넘실넘실 노 소리 부드러워
滿袖淸風却似秋	소매에 찬 맑은 바람 가을인양 서늘하다
回首更看眞面好	머리 돌려 다시 보니 참으로 아름다워
問雲無跡通頭流	흰 구름 자취 없이 두류산을 넘어 가네

곧게 뻗어오르며 성장한 자계서원 은행나무 ● 경상북도 청도군 이서면 서원리 85번지

:: 주변

이서면 서원리에 자리하고 있는 자계서원의 앞을 흐르는 냇물은 청도천인데 이 냇물은 앞내 또는 운계라고 불렀다. 김일손이 무오사화를 당해 참화를 당했을 때 이 냇물이 3일 동안이나 거꾸로 피빛으로 흘렀다 하여 그 후부터 '자계'라고 부르기 시작하였다.

청도의 대표적인 행사 소싸움대회나 정월 대보름 달집태우기가 모두 이 마을 앞 냇물 자계천변에서 치러지고 있다.

9. 부산·경남

의령 세간리(世干里) 은행나무는 의령군 유곡면 유곡천 변의 세간리라는 마을에 있다. 이 은행나무는 수령 600년, 높이 24.5m의 암나무이며, 수관 폭 동서방향 22.8m, 남북방향 19.4m의 큰 나무이다.

마을사람들은 마을 한 가운데에 있는 이 은행나무가 부근에서 자라는 느티나무와 함께 마을을 지켜주는 신성한 나무라고 믿고 있다.[71] 높이 2m쯤 되는 곳에서 6개의 큰 줄기가 위로 뻗고 뒤쪽으로 좀 가는 가지 하나가 옆으로 비스듬히 자라고 있다. 전체적으로 긴 원추형의 아름다운 수관을 이루고 있다.

71) 의령 세간리 은행나무 앞에서 지내는 제사에 관해서는 CD 자료가 있다. 문화재청 편, '의령 유곡면의 은행나무 동신제' (대전: 문화재청, 2004) 참조.

:: 세간리 마을

세간리 마을은 곽재우 장군이 태어난 곳이다. 어린 시절을 이곳에서 보낸 장군은 잠깐 관직에 있다가 임진왜란 당시에는 다시 낙향해 있었다. 임진왜란 때 관군이 일본군에게 맥없이 당하기만 하자, 당시 41세의 유생 곽재우는 일본군과 싸우기로 결심하고 4월 22일 전국 최초로 의병을 모으기 시작하였다. 관청으로부터 전혀 도움을 받을 수 없었으므로 자형인 허언심과 함께 사재를 털어 의병들에게 필요한 경비를 충당하였다. 이 마을의 은행나무와 느티나무의 정기를 받아 잘 훈련된 곽재우 장군의 의병은 왜적과 용감히 맞서 혁혁한 전공을 세우기도 하였다. 은행나무 옆에 있는 곽재우 장군 생가는 2005년에 복원되었다.

:: 나무 유래

임진왜란 때 의병장(義兵將) 곽재우 장군이 의병을 훈련시키던 모습을 바라보던 이 은행나무를 누가 심은 것인지에 대해서는 알려진 것이 없다.

:: 전설

이 나무의 남쪽 가지에서 자란 2개의 나무고드름이 여인의 젖꼭지 같이 생겼다 하여 젖이 잘 나오지 않는 산모들이 찾아와 정성을 들여 빌면 젖이 풍성하게 나온다는 이야기가 전해오고 있다.

:: 화재

1990년대 초 나무 바로 옆에 붙어 있던 민가에 불이 나면서 이 은행나무로 옮겨 붙었는데 다행히 나무의 동남쪽 부분만 불타고 그을리는 것으로 불길이 잡혔다고 한다.

:: 나무 특징

남쪽으로 뻗은 가지의 아래 부분에 길이 30cm, 둘레 20cm 남짓한 두 개의 나무고드름이 땅을 향해 자라고 있다. 과거의 화재로 인하여 나무고드름의 끝부분이 타버려 반쪽은 시멘트로 채워 넣은 상태에 있다.

:: 제례

이 나무는 마을의 당산목으로서 지금까지 잘 보존되어 왔다. 매년 음력 정월

황금빛 가을 단풍이 눈부시게 아름다운 천연기념물 제302호 의령 세간리 은행나무
● 관리자: 의령군 ● 경상남도 의령군 유곡면 세간리 808번지

초열흘을 정하여 은행나무에 금줄을 치고 목신제(木神祭)를 올리면서 풍년
과 마을의 안녕을 기원하였다. 여기에 들어가는 경비는 거의 한 섬이나 되는
이 나무의 은행을 팔아서 충당하였다. 마을 사람들은 이 나무가 마을을 지켜
주는 수호신이라고 믿어 왔다.

함양 운곡리(雲谷里) 은행나무는 수령이 800-1,000년으로 추정되며, 나무높이는 38m이다. 땅에서 1m 지점에서 줄기가 2개로 분리되었다가 3m 지점에서 다시 합쳐져 5m 부분에서 5개로 갈라졌다. 지상 0.5m 부분에는 혹이 남쪽을 향해 나와 있다. 은행나무는 약간 경사진 마을의 위쪽에서 자라고 있으며, 마을사람들이 비슷한 크기의 돌을 원형으로 둘러쌓아 단을 만들어 은행나무를 보호하고 있다.

:: 나무 유래

이 은행나무는 운곡리 마을이 형성될 때 심은 나무이며, 마을의 이름도 이 나무의 영향을 받아 '은행정' 또는 '은행마을'이라고 한다.

은행나무가 내려다보는 마을 전체는 크고 작은 몽돌로 쌓아올린 돌담이 나지막한 시골집들을 둘러싸고 있어서 옛 정취를 그대로 느낄 수 있는 분위기 있는 곳이다.

:: 나무 상태/특징

나무고드름이 있으며, 지상 30-50cm부분에는 여러 개의 돌기가 나와 있다. 나무는 하나의 줄기가 아니라 굵은 줄기 둘이 서로 거의 붙어 있는 것이 특징이다. 수형이 아름답고 수세가 왕성한 편이다. 일부 가지를 잘라 낸 곳에 시멘트가 발라져 있는 것을 제외하면 나무상태는 양호한 편이다.

:: 전설/일화

1993년 은행마을 주민들이 나무 옆에 세운 '은행수의 전설' 비문에는 다음과 같은 내용이 적혀 있다.

지금으로부터 천여 년 전, 고려시대 때 마을 아래를 흐르는 개양천(開楊川)변의 갈마음수(渴馬飮水) 지형에 마씨(馬氏) 성을 가진 이들이 모여 살고 있었다. 어느 해 천재(天災)로 인하여 개양천은 평야가 되고 마을은 하천으로 변해 버리자 주민들은 지금의 마을로 이주하여 토담집을 짓고 살면서 지형을 살펴보니, 마을 전체가 배(舟)모양인데 돛대가 없어 돛대 자리에 은행나무를 심어 돛대로 삼고 마을 이름을 은행정(銀杏亭)이라고 바꾸어 부르게 되었다.

마을 사람들은 풍수지리상 마을의 지형이 배의 모습을 하고 있어서 이 은행나무가 마을의 돛대 역할을 하면서 마을을 지켜준다고 믿었다. 또 이 마을은 배의 형상에 해당되어 우물을 파면 배의 밑창을 뚫는 꼴이니 배가 가라앉는다 하여 우물을 파지 못하도록 한다. 여러 곳에 우물을 팔 경우 배 밑바닥

에 물이 솟는다하여 공동 우물 외에는 우물을 파지 못하게 했다.[72]

은행나무는 마을 사람들의 보살핌으로 잘 성장하였다. 아쉬움이 있다면 열매가 열지 않는 것이었다. 물론 암수가 분명히 다른 은행나무에서 수나무를 심었으니 당연히 열매가 달리지 않았겠으나 옛 사람들은 그렇게 생각하지 않았다. 언젠가 주민들은 나무 밑에 우물을 파서 그림자가 비치면 열매가 달릴 것이라고 믿었기에 우물을 파고 열매가 맺기를 기다렸으나 송아지 등 가축만 빠져죽고 여러 재앙이 끊이지 않았다. 그러자 마을 사람들은 부랴부랴 우물을 메웠고, 다시 은행나무가 자라기 시작하여 오늘의 거목이 되었다.

은행수의 전설 비문

일제 강점기 말기에 있었던 일이다. 마을의 유지급 인사들이 이 은행나무를 매각하려고 모의를 했는데, 심야에 돌연히 행상곡성(行喪哭聲, 상여가 나갈 때 내는 소리)이 들리므로 이에 놀란 유지들이 매각을 단념하였다. 그러자 곡소리는 멈추었으나, 매각모의를 주관했던 유지급들은 원인 모를 병에 걸려 사망하였다.

:: 제례

은행나무에 마을을 지켜주는 수호신이 깃들어 있다고 믿어 지금도 매년 정월 대보름날에 마을의 평안과 풍년을 기원하는 고사를 지낸다. 마을 사람들은 이 은행나무를 마을의 수호목으로 삼고 있으며, 동시에 마을의 상징목으로 보호관리하고 있다.

:: 위치

대전통영 고속도로 서상 나들목을 빠져나와 함양 쪽으로 잠시 달리면 서하면소재지가 나오는데 이곳에서 우회전하여 올라가면 된다. 운곡리 보건지소 앞길이 은행나무로 가는 길목이다.

마을의 중심을 잡고 있는 천연기념물 제406호 함양 운곡리 은행나무

● 관리자: 함양군 ● 경상남도 함양군 서하면 운곡리 779번지

범어사 은행나무는 수령 580년, 나무높이 25m의 암나무이다. 1980년 12월 8일 보호수로 지정되었으며, 범어사가 관리하고 있다.

:: 사찰 연혁

대한불교 조계종 제14교구의 본사인 범어사(梵魚寺)는 금정산 기슭에 자리잡은 사찰이며, 해인사, 통도사와 더불어 영남의 3대 사찰로서 영남 불교의 중심축을 형성하고 있다. 범어사는 지금으로부터 약 1,300년 전인 678년(신라 문무왕 18년)에 의상대사가 해동의 화엄 십찰 중의 하나로 창건하였다고 전해지며, 창건설화에서 알 수 있듯이 유서 깊은 호국 사찰이기도 하다.[73]

73) 범어사는 오랜 역사와 더불어 수많은 고승들을 배출하였으며, 삼층석탑(보물 제250호), 대웅전(보물 제434호), 일주문(지방유형문화재 제2호), 당간지주(지방유형문화재 제15호), 석등(지방유형문화재 제16호) 등 많은 문화재를 보유하고 있다.

'범어사'라는 절 이름의 유래를 동국여지승람(東國與地勝覽)은 다음과 같이 기록하고 있다.

금정산은 동래현의 북쪽 20리에 있다. 금정산 산마루에 세 길 정도 높이의 돌이 있는데 그 위에 우물이 있다. 그 둘레는 10여 척이며 깊이는 7촌쯤 된다. 물이 항상 가득 차 있어서 가뭄에도 마르지 않으며 그 빛은 황금색이다.

세상에 전하는 바에 의하면 한 마리의 금빛 나는 물고기가 오색구름을 타고 하늘(梵天)에서 내려와 그 속에서 놀았다고 하여 '금샘(金井)'이라는 산 이름과 '하늘나라의 고기(梵魚)'라고 하는 절 이름을 지었다.

금정산 기슭 높은 곳의 범어사 은행나무 ● 부산시 금정구 청룡동 546번지

두양리(斗陽里) 은행나무는 수령 900년, 나무높이 27m의 암나무이며, 나뭇가지가 뻗은 지름은 동서방향 21.5m, 남북방향 18.3m이다. 1983년 12월 10일 시도기념물 제69호로 지정되었으며, 강씨 문중에서 관리하고 있다. 나무가 두양리 마을 산 중턱 숲속에 있고, 방향을 알려주는 표지가 없어서 마을 사람들에게 가는 길을 물어보지 않고는 나무를 찾기 어렵다.

:: 나무 유래

이 은행나무는 강민첨 장군이 심었다고 한다. 은열공(殷烈公) 강민첨(姜民瞻, ?-1021) 장군은 고려시대 광종 14년(963)에 탄생하여 15세까지 진주의 향교에서 사서오경을 배웠다. 그는 이곳에 선조(先祖)의 사당을 짓고 제사를 지냈으며, 학문을 닦고 무예를 연마하였다고 한다.[74] 은행나무 동쪽 20m 지점에는 높이 4m의 활을 쏘던 곳이 지금도 대나무 숲속에 있다.

74) 강민첨은 고려시대 목종(穆宗) 때 문과에 급제, 1012년(현종 3년)에 안찰사(按察使)로서 영일(迎日) 등지에 쳐들어온 동여진(東女眞)을 격퇴한 장군이다. 1018년(현종 9년) 거란(契丹)의 소배압(蕭排押)이 10만 대군으로 쳐들어오자 강감찬(姜邯贊)의 부장(副將)으로 출전하여 흥화진(興化鎭)에서 격파하였으며, 거란군이 바로 개경(開京)으로 쳐들어가자 이를 추격하여 자산(慈山)에서 크게 이겼다. 그 공으로 응양상장군 주국 우산기상시(鷹揚上將軍柱國右散騎常侍)가 되고, 추성치리익대공신(推誠致理翊戴功臣)이 되었다. 이듬해 지중추사(知中樞事) 병부상서(兵部尚書)에 올랐고, 사후 태자태부(太子太傅)가 추증되었다. 강민첨 장군은 경남 진주시 옥봉동에서 출생하였다.

두양리 숲속의 요정 은행나무 ● 경상남도 하동군 옥종면 두양리

:: 나무 특징

한 쪽 줄기 중간에서 새 줄기 두 개가 힘차게 일직선으로 뻗어 올라간 것이
보인다. 다른 가지에서도 여러 개의 줄기들이 위로 뻗어 올라간 것이 특징
이다.

:: 제례/민속

마을 사람들은 이 은행나무를 신령 시 하고 있으며, 이 나무에 지극 정성으로
기원하면 영험을 본다하여 지금도 지성을 드리러 오는 사람이 많다고 한다.
특히 대학진학을 앞둔 자식을 둔 어머니들의 발길이 잦다고 한다.

107 산청 평지리
은행나무

시도기념물
부산·경남 – 5

산청 평지리(坪地里) 은행나무는 수령 500년, 높이
18m의 암나무이다. 가지는 동서방향으로 20.5m,
남북방향으로 15.4m 뻗어 있다. 마을의 수호신목
역할을 하는 나무이다. 이 나무는 1991년 12월 23일 시도기념물 제115호로 지정
되었으며, 평지리 마을에서 관리하고 있다. 나무 앞에 개천이 흐르고 있어 이 나
무가 성장하는데 큰 힘이 된 것으로 보인다. 나무 밑에서 마을 주민들이 휴식을
취할 수 있도록 넓은 침상을 설치한 것이 인상적이다.

:: 나무 유래

조선시대 초기 고려왕조에 대한 충절을 지키기 위해 두문동(杜門洞)에 들어간 72현(賢) 중 한 사람인 김준(金俊)이라는 현인이 이곳에 와서 심신을 수양하고 있었다.[75] 어느 날 김준의 꿈에 한 신선이 나타나 "저 앞산에 있는 은행나무를 동리 안으로 옮겨 심으면 마을이 태평하고 후손이 번창할 것이다"라는 계시를 내렸다고 한다. 계시를 받은 김준은 동네 마을 앞산에 있던 은행나무를 마을 안 개울가에 나무를 옮겨 심었다고 한다. 나무를 옮겨 심은 후 마을이 태평하고 번창하게 되어 마을 사람들은 은행나무를 신성시하며 보호하고 있다.

:: 나무 특징

나무 곳곳에 있는 굵은 나무고드름이 큰 특징이다.

사방으로 힘차게 뻗은 평지리 은행나무 ● 경상남도 산청군 신등면 평지리 1295-8번지

거창읍 남서쪽에 위치한 감악산 북쪽의 해발 800m 지점에 연수사(演水寺)가 자리하고 있다.[76] 연수사 은행나무는 수령 600년, 높이 38m의 수나무이다. 대웅전 앞뜰에서 자라고 있는 이 나무의 가지는 동쪽방향으로 21m, 남북방향으로 20m 정도로 뻗어 있는 웅장한 나무이다. 예로부터 열매가 많이 달리기로 이름나 있는 이 은행나무는 1993년 1월 8일 시도기념물 제124호로 지정되었으며, 연수사가 관리하고 있다. 지면 가까이에 작은 나무고드름이 있으며, 뿌리 부분에 자목이 자라고 있다.

76) 연수사는 경상남도 거창군 남상면 무촌리 감악산(紺岳山)에 있는 대한불교 조계종 제12교구 본사인 해인사의 말사이다. 건물은 대웅전과 종각 · 세석산방(洗石山房) 등이 있다.

:: 사찰 유래 1

신라시대 말기에 헌강왕(재위: 875-886)에 의해 창건되었다. 이름 모를 병에 시달리던 헌강왕이 부처님의 현몽으로 연수사 부근에 있는 약수를 마시고 병을 고친 뒤에 감사의 뜻으로 창건한 사찰이다. 연수사는 절 이름에 물 수(水)자가 들어 있는 것으로 보아 약수 혹은 샘물과 관련이 깊은 사찰이다.

:: 사찰 유래 2

802년(신라시대 애장왕 3년), 감악조사(紺岳組師)가 현 사찰 위치 남쪽에 절을 건립하였다. 구전(口傳)에 의하면 다듬어 놓은 서까래 재목인 큰 통나무가 한 밤에 없어져서 그 다음 날 찾아보니 현재의 사찰 대웅전 자리에서 발견되었기에 초기 계획을 바꾸어 현 사찰위치에 건립하게 되었다. 연수사는 조선시대 숙종 때 벽암선사(1575-1660)가 사찰을 중수하고 또 십여 개의 사원을 지어 불도를 크게 일으킨 사찰이기도 하다.

이 은행나무는 신라의 고승 원효대사(元曉大師)가 심은 나무라고 전해진다.

고려시대 때 한 여인이 왕손에게 시집을 갔다가 남편을 일찍 여의고 나서 유복자를 낳았다. 여인은 이 절에서 승려(비구니)가 되어 남편의 명복을 빌었는데, 10년이 지난 어느 날 금강산에서 왔다는 노승이 아들을 데려가 공부를 시켜 훌륭한 인물로 만들겠으니 맡겨달라고 말하였다. 이에 여인은 아들의 장래를 생각하고 떠나보낼 결심을 한다. 모자는 서로 부둥켜안고는 슬피 울다가 여인은 은행나무를, 아들은 전나무를 연수사 대웅전 앞 뜰에 심으며 후일을 기약했는데 그때 심은 나무가 이 은행나무이다.

아들이 심었다는 전나무는 1980년에 강풍으로 인해 부러져 없어졌고, 지금은 은행나무만 남아있다.

:: 은행나무 전설

이 전설은 앞의 '나무 유래 2'와 내용이 중복된다.

고려시대 때 이 절에 한 보살이 있었다. 이 보살은 원래 사대부 집안의 규수로서 왕족과 혼인을 하였으나, 무신의 난[77] 때 남편이 죽고 문중이 몰락하는 바람에, 유복자를 데리고 이 절을 찾아와서 부처에 귀의하여 살아가고 있었다.

여인은 이 절에서 승려가 되어 남편의 명복을 빌었다. 10년이 지난 어느 날 이 절에 금강산에서 왔다는 한 노승이 머물게 되었는데, 노승은 보살에게 아들을 데려가 공부를 시켜 훌륭한 인물로 만들겠으니 맡겨달라고 말하였다. 보살은 아들의 장래를 생각하고 떠나보낼 결심을 하였다. 모자는 서로 부둥켜안고는 슬피 울다가 보살은 은행나무를, 아들은 전나무를 절 앞에 심으며 후일을 기약했는데 그

때 심은 나무가 이 은행나무라고 한다. 서로의 안녕을 기원하며 10살 된 아들은 절 뒤뜰에 전나무를 심고 "이 나무가 사철 푸르게 자랄 것이니 저를 보듯 길러 주세요"라고 말하였고, 어머니는 "나는 앞뜰에 은행나무를 심고 기다릴 테니 만약 훗날 내가 없더라도 어미를 보듯 대하라"고 하였다.

:: 사찰 약수

연수사 경내에 약수터가 있는데 물맛이 깨끗하다. 푸른 빛 감도는 바위구멍에서 떨어지는 맛좋은 샘물은 극심한 가뭄에도 마르지 않으며, 사시사철 물의 온도가 같은 것이 특징이다. 앞에서도 언급한 것처럼 신라시대 헌강왕이 이곳의 약수를 마시고 지병인 중풍을 고쳤다고 한다.

일주문 옆의 우람한 연수사 은행나무 ● 경상남도 거창군 남상면 무촌리 40-1

거창 무촌리(居昌 茂村里) 은행나무는 수령 400년, 나무높이 30m의 암나무이다. 원줄기에서 새싹이 자라 3그루의 나무처럼 보이며, 원줄기를 포함한 3개의 줄기에서 8개의 가지가 사방으로 뻗어 있다. 이 은행나무는 1997년 12월 31일 시도기념물 제198호로 지정되었으며, 무촌마을에서 관리하고 있다.

:: 나무 특징

밑에서 뻗어 올라간 나무 줄기도 많지만 줄기 곳곳에 보이는 나무고드름의 수가 무척 많은 것이 특징이다.

:: 제례/민속

이 은행나무는 마을을 수호하는 신령목으로서 동민의 소원성취, 재난을 막고 풍년을 알려주는 신비의 나무이다. 정월 대보름날에 당산제를 올린다. 마을주민들은 뒷동산 굴밤나무는 할아버지로 보하고 이 은행나무는 할머니로 보하여 정성껏 보호하고 있다.

◀ 흘러내리는 듯한 나무고드름

▲ 은행나무 앞 당산제단

▼ 여러 개의 줄기와 많은 돌기가 특징인 무촌리 은행나무
● 경상남도 거창군 남상면 무촌리 1344-38

청룡리(靑龍里) 은행나무는 수령 630년, 나무높이 30m의 암나무이다. 본래 더 높았으나 나무 상단이 부러졌고 말라있는 상태라 나무높이는 많이 낮아졌다. 나무의 본래 줄기는 말라 죽었고, 그 줄기에서 직립으로 돋아난 새싹가지 8개가 붙어 자라 하나의 큰 줄기를 형성하고 있다. 이 나무는 2004년 3월 18일 시도기념물 제253호로 지정되었으며, 중촌마을회에서 관리하고 있다. 은행나무는 하동군의 군목이며, 옥종면의 면목이기도 하다.

:: 나무 특징

경상남도에서 가장 굵은 은행나무이다. 이 나무의 특징은 한 가운데 가장 굵은 줄기가 있고, 그 주위에 8개의 큰 줄기(아들나무)가 있으며, 이들 둘레에는 다시 10여 개의 작은 줄기(손자나무)가 둘러싸고 있다. 습한 지역인지 나무 상층부까지 이끼가 끼어 있는데 중앙줄기가 말라 죽은 것이 안타깝다. 나무무늬 지지대가 귀엽다.

:: 전설

이 나무에는 세상에 큰 변고가 있을 때 울음소리를 내어 이를 알린다는 전설이 있다. 고을이나 나라에 큰 일이 있을 때에는 언제나 울음소리를 내어 미리 알려준다고 한다.

:: 제례

이 지역 중촌리, 상촌리, 주포리 마을 사람들은 옛날부터 이 나무를 마을의 수호목으로 여겨 왔으며 오늘날에도 매년 음력 정월 그믐날이 되면 나무 아래에서 제사를 지내고 있다.

:: 축제

하동군 옥종면 중촌마을에서는 2000년도부터 양력 10월 1일을 '은행나무 축제일'로 정하여 매년 문화행사를 치르고 있다. 마을의 태평성대 기원 불공과 제례, 기념식, 국악경연 등의 다양한 행사가 펼진다.

세월의 흔적 청룡리 은행나무 ● 경상남도 하동군 옥종면 청룡리 266번지

111

거창 고견사 은행나무

보호수
부산·경남 – 9

가조면 수월리 우두산 입구 주차장에서 약 40분 정도 걸어 올라가면 고견사 입구에 닿는다. 입구에는 수령 1,000년의 은행나무가 자라고 있다. 나무높이 28m의 암나무이다.

고견사 주차장에서 산으로 약 1.5km 정도 걸어 올라가면 고견사 경내에 있는 은행나무를 볼 수 있다. 고견사에 오는 사람들은 누구든지 이 나무를 지나야 대웅전으로 가게 된다. 이 나무는 암나무인데 은행열매는 거의 보이지 않는다. 2000년 3월 18일 보호수로 지정되었으며, 고견사에서 관리하고 있다.

절 경내는 은행나무에서부터 대웅전까지 경사를 이루고 있다. 보호수 옆에 일주문이 있고, 그 바로 위에는 요사가 자리한다. 요사 왼쪽으로 난 길을 올라가면 나한전이 보이고, 그 오른쪽에 대웅전이 자리한다.

:: 나무 유래

신라시대의 학자 최치원이 심었다고 전해진다. 연대는 분명치 않으나 최치원이 활동하던 시기를 고려해 볼 때 서기 1,000년경에 심은 것으로 추정된다.

산 기슭 높은 곳에서 우람한 자태를 뽐내는 고견사 은행나무
◉ 경상남도 거창군 가조면 수월리 1번지 고견사 경내(우두산 기슭)

112

**창원 우곡사
은행나무**

보호수
부산 · 경남 – 10

창원시 동읍에 있는 우곡사(牛谷寺) 절 입구에 들어서면 수령 500년, 나무높이 11m의 은행나무가 한 그루 자라고 있다. 이 나무는 오래 전에 벼락을 맞았는데 벼락 맞은 밑 부분의 커다란 동공 속에는 시커멓게 탄 자욱이 그대로 남아있다. 이 은행나무는 2005년 12월 29일 보호수로 지정되었으며, 우곡사에서 관리하고 있다.

벼락 맞기 전에는 나무 높이가 30m를 넘었다고 하는데 지금은 많이 낮아져 있다. 벼락 맞은 부분은 불에 타버렸지만 그 옆자리에 새로운 줄기와 가지들이 자라나고 있어 멀리서 보면 벼락 맞은 나무라고는 생각하기 어렵다. 나무 동공 안에는 동자승 인형과 석탑 모형 등이 들어 있다.

:: 나무 유래/전설

무염국사(801-888)가 짚고 다니던 지팡이를 땅에 꽂은 것이 자라나 은행나무
가 되었다고 한다. 이 설을 받아들인다면 우곡사 은행나무의 수령은 1,130년
으로 추정된다. 하지만 현지 안내문에는 수령을 500년으로 기록하고 있다.
일단 폐사되었던 사찰이 나중에 명맥을 유지하던 중 누군가가 나무를 심은
것으로 보인다.

:: 사찰 연혁

우곡사는 대한불교 조계종 제14교구 본사 범어사의 말사이다. 우곡사는 인
근의 성주사(聖住寺)·성흥사(聖興寺)와 함께 신라 고찰로 알려져 있지만,
창건배경에 대해서는 기록이 남아 있지 않다.

우곡사는 832년(신라 흥덕왕 7년)에 무염국사에 의해 창건
된 사찰이다.[78]

우곡사는 조선시대 말기에 이르러 이 지방의 대부호였던 구
만호(具萬戶)에 의해 중창되었으며, 당시 그의 공덕을 기리
기 위해 초상화를 그려 절에 봉안하였다. 1970년대에 대웅전
과 삼성각, 산신각을 새로 지었다.

:: 사찰 약수

우곡사에는 무염국사가 사찰 건립 당시 발견하였다고 전하는 맑고 시원한 샘
물터가 하나 있는데, 약수로 알려져 있고 1년 내내 약수를 찾는 사람들의 발
길이 끊이지 않고 있다. 특히 이 약수는 여러 가지 피부질환에도 특효가 있는
것으로 알려져 있다. 이곳에서 나오는 물은 맑고 깨끗하며 또한 여러 가지 광
물이 녹아있는 약용수라고 한다.

벼락 맞은 나무로 유명한 우곡사 은행나무. 새로운 줄기와 가지가 나와 지금은 정상적인 나무가 되었다.
● 경상남도 창원시 동읍 단계리 7번지(정병산 기슭)

:: 위치

남해고속도로 동창원 나들목에서 나와 우곡사 이정표를 따라 오다보면 좌측
으로는 서천저수지, 우측으로는 국방과학연구소가 있다. 연구소 울타리와
붙어 있는 포장도로를 따라 가면 된다.

사천 다솔사 은행나무

사천시 곤명면 용산리 봉명산(와룡산) 동남쪽 기슭에 있는 다솔사(多率寺) 백팔계단 앞에는 벼락을 맞아 밑동 안쪽은 타버리고 껍질이 모두 벗겨진 채 말라 죽어 있는 은행나무가 있다. 죽은 지 200년 되었다는 은행나무의 모습은 마치 주목나무와 흡사하다. 사찰 종무소에 가서 저 나무가 혹시 주목이 아니냐고 물었더니 은행나무가 틀림없다고 한다.

:: 사찰 명칭 유래

사찰 이름인 다솔에 대해서는 이 절에 소나무가 많았기 때문이라는 설과, 봉명산 주변이 마치 대장군이 앉아 있는 모습과 비슷하여 많이 거느린다는 뜻에서 다솔이라고 붙여졌다는 설이 있다.

다솔사는 대한불교 조계종 제13교구 본사인 쌍계사의 말사이다. 511년 (신라 지증왕 12년)에 연기조사(緣起祖師)가 영악사(靈嶽寺)라 하여 처음 건립하였고, 636년(선덕여왕 5년)에 새로 건물 2동을 지은 뒤 다솔사로 개칭하였다. 676년(문무왕 16년) 의상대사에 의해 영봉사(靈鳳寺)로 바뀐 뒤 신라시대 말기에 도선국사(道詵國師)가 다시 손질하여 고쳐짓고 다솔사라 하였다. 1326년(충숙왕 13년)에 나옹(懶翁)이 중수한 뒤에도 여러 차례 수리하였으며, 임진왜란 당시 전화로 인하여 불탔으나 1686년(조선 숙종 12년)에 승려들이 힘을 모아 10년에 걸친 중창불사로 크게 중흥했으며, 원래의 모습을 되찾았다. 1748년에 큰 화재가 있었으며 1758년에 여러 스님이 합심하여 명부전과 대양루, 사왕문을 중건했다.

벼락을 맞은 다솔사 은행나무. 고사했고 모든 껍질이 벗겨진 상태에 있다.
● 경상남도 사천시 곤명면 용산리 86번지

하동 쌍계사(雙磎寺)에는 여러 그루의 은행나무가 있다. 경내에 나무들이 많기는 하지만 은행나무 몇 그루가 일주문, 금강문, 그리고 주요 건물 옆에서 자라고 있다.

여러 은행나무가 다 특징이 있지만 일주문 가까이에 있는 은행나무는 수령이 300년은 되어 보이고 나무고드름도 달려있다.

:: 사찰 연혁

쌍계사는 대한불교 조계종 25개 본사 중 제13교구 본사이다. 쌍계사는 722년(신라 성덕왕 21년)에 대비(大悲), 삼법(三法) 두 화상이  선종(禪宗)의 6조(六祖)인 혜능스님의 정상(正像)을 모시고 귀국, "지리산 설리갈화처(雪裏葛花處: 눈 쌓인 계곡 칡꽃이 피어있는 곳)에 봉안하라"는 꿈의 계시를 받고 호랑이의 인도로 이곳을 찾아 절을 지은 것이 유래가 되었다.

그 뒤 840년(문성왕 2년) 중국에서 선종의 법맥을 이어 귀국한 혜소 진감(眞鑑)선사가 옥천사(玉泉寺)라는 대가람을 중창하고 선의 가르침과 범패(梵唄)를 널리 보급하였는데, 후에 나라에서 '쌍계사'라는 사명을 내렸다.

:: 사찰 주변

쌍계사는 여러 문화재 외에도 차와 인연이 깊은 곳으로 쌍계사 입구 근처에는 '차시배추원비(茶始培追遠碑)'가 있고, 화개에서 쌍계사로 이어지는 벚꽃길에도 '차시배지(茶始培地)' 기념비가 있다. 차는 신라시대 선덕여왕 때 당나라에서 처음 들여왔는데 828년(흥덕왕 3년)에 김대렴(金大簾)이 당나라에서 차나무 씨를 가져와 왕명으로 지리산 줄기에 처음 심었다고 한다. 김대렴이 차를 심은 이후 진감선사가 쌍계사와 화개 부근에 차밭을 조성, 보급하였다.

쌍계사 주요 건물 앞에는 은행나무가 자리하고 있다. 대웅전 가는 길 석탑 옆에서 자라고 있는 은행나무
● 경상남도 하동군 화개면 운수리 208번지

지리산 자락의 산청군 단성면 사월리 마을 낮은 언덕에 문익점(文益漸)의 생가터가 있고, 그곳에 수령 600년, 높이 20m의 은행나무가 자라고 있다.

:: 나무 상태

큰 줄기는 4개인데 그 중 중앙의 원줄기는 상단부까지 썩어 외과수술을 하였고 그 위 줄기는 상태가 안 좋아 절단된 상태에 있다. 수십 년 전에 나무상태가 안 좋아진 것을 나무 밑에 살던 주민들이 공을 들여 보살폈다고 한다. 바람이 세게 불면 가지가 부러져 민가로 떨어지기도 했다고 한다. 중앙줄기는 말라 죽은 채로 있지만 다른 줄기들은 잘 자라고 있다.

:: 나무 유래 및 생가터

단성면 사월리(옛 배양리)는 충선공 문익점이 출생하여 거주한 곳이다. 문익점은 이곳에 은행나무를 심으면서 이 나무가 잘 자라면 자손이 번창할 것이고, 잘 자라지 못하면 자손이 번영치 못할 것이라고 했다고 한다. 그런데, 이 나무가 근 150여 년 간이나 고사(枯死)했다가 1920년대 후반에 말라 죽은 나무뿌리에서 새싹이 돋기 시작하였다. 싹이 자라날 때 이상하게도 근처 일대에 독충이 많아 인근 아이들이 접근을 못하였다고도 한다.

그 후 1966년경 문씨 문중에서 이 은행나무가 있는 집이 충선공이 살던 집터가 틀림이 없다 하여 이 집을 매입하기 위하여 집주인과 상의하여 매입키로 계약서까지 작성하였으나 이 사실을 이씨 문중(李氏門中)에서 알고 즉시 반대하여 계약은 해지되었다. 그 후, 다시 이씨 문중과 상의하여 이 은행나무가 있는 곳만을 양보 받았다.[79] 은행나무 앞에는 2007년 3월에 남평 문씨(南平文氏) 대종회장(문영훈)이 세운 행단

79) http://cafe.naver.com/
jiripul/1201(2008. 11. 04).

목화 시배지 전시관

문익점 은행나무 부근의 목화밭

기(沾畢記) 비석과 '삼우당 문익점선생 생가 유지(遺址)' 비석이 있다.

:: 삼우당 문익점

문익점은 고려시대 충혜왕 원년 1331년 2월 8일 단성현 배양리 지금의 산청군 단성면 사월리에서 문숙선의 둘째 아들로 태어났다.

자는 일신(日新), 호는 삼우당(三憂堂)인데, 호에는 항상 국가의 어려움을 걱정하고, 성리학이 보급되지 않음을 걱정하며, 자신의 도(道)가 부족함을 걱정한다는 뜻이 담겨있다.

문익점은 12세에 이곡(李穀)선생의 문하에서 수학하였으며, 23세에 이색(李穡)과 함께 정동향시(征東鄕試)에 합격하고, 30세에 정몽주(鄭夢周)와 함께 신경동당(新京東堂)에 급제하였다. 좌정언(左正言)으로 있을 때인 1363년(공민왕 12년) 서장관의 자격으로 원(元)나라에 사신의 일행으로 갔다가 돌아오면서 목화 종자를 붓두껍 속에 넣어와 시험 재배하여 전국에 전파하였다.[80] 이로써 의생활에 일대 혁신을 기하게 되었다. 60세에 종2품 경연동지사에 임명되었으나 공양왕에게 사직(社稷)의 운영에 필요한 '시무 8조'를 올리고 관직을 떠났다. 1392년 자신이 섬기던 고려가 망한 후 조선조에서 여러 차례 문익점을 불렀으나 이에 응하지 않았다.

80) 산청군 단성면 사월리 160번지 일대에 목화시배지가 있다. 목화는 아욱과에 속하는 1년생 초본식물로 면화라고도 부른다. 온대지방에서는 1년생이지만 열대지방에서는 다년생 나무식물로 원산지는 아프리카 남부, 안데스 산맥 북부 등 여러 설이 있으나 인도에서 기원전 2500년경에 재배한 기록이 있다.

목화시배지 부근 문익점 생가터의 은행나무 ● 경상남도 산청군 단성면 사월리 529번지

 천연기념물 은행나무(22그루)

지정번호	지정명칭	소재지	지정일자	성
30	양평 용문사 은행나무	경기 양평군 용문면 신점리 625	1962.12.03	♀
59	서울 문묘 은행나무	서울 종로구 명륜동 3가 53	1962.12.03	♂
64	울주 구량리 은행나무	울산 울주군 두서면 구량리 860	1962.12.03	♂
76	영월 하송리 은행나무	강원 영월군 영월읍 하송리 190-4	1962.12.03	♀
84	금산 요광리 은행나무	충남 금산군 추부면 요광리 329-8	1962.12.03	♀
165	괴산 읍내리 은행나무	충북 괴산군 청안면 읍내리 221	1964.01.31	♀
166	강릉 장덕리 은행나무	강원 강릉시 주문진읍 장덕리 643	1964.01.31	♂
167	원주 반계리 은행나무	강원 원주시 문막면 문막읍 반계리 1495-1	1964.01.31	♂
175	안동 용계리 은행나무	경북 안동시 길안면 용계리 744	1966.01.13	♀
223	영동 영국사 은행나무	충북 영동군 양산면 누교리 1395-14	1970.04.24	♀
225	구미 농소리 은행나무	경북 구미시 옥성면 농소2리 436	1970.05.28	♀
300	금릉 조룡리 은행나무	경북 김천시 대덕면 조룡리 51	1982.11.04	♀
301	청도 대전리 은행나무	경북 청도군 이서면 대전리 638	1982.11.04	♂
302	의령 세간리 은행나무	경남 의령군 유곡면 세간리 808	1982.11.04	♀
303	화순 야사리 은행나무	전남 화순군 이서면 야사리 182-1	1982.11.04	♀
304	강화 볼음도 은행나무	인천 강화군 서도면 볼음도리 산 186	1982.11.04	♂
320	부여 주암리 은행나무	충남 부여군 내산면 주암리 148-1	1982.11.04	♀
365	금산 보석사 은행나무	충남 금산군 남이면 석동리 709	1990.08.02	♀
385	강진 성동리 은행나무	전남 강진군 병영면 성동리 70	1997.12.30	♀
402	청도 적천사 은행나무	경북 청도군 청도읍 원리 산 217	1998.12.23	♀
406	함양 운곡리 은행나무	경남 함양군 서하면 운곡리 779	1999.04.06	♂
482	담양 봉안리 은행나무	전남 담양군 무정면 봉안리 1043-3	2007.08.09	♀

지정번호	지정명칭	소재지	지정일자	성
10	광주 칠석동 은행나무	광주 남구 칠석동 120	1979.08.03	♀
11	인천 계산동 은행나무	인천 계양구 계산동 943	1992.05.15	♀
12	인천 장수동 은행나무	인천 남동구 장수동 63-2	1992.12.09	☗
29	강릉 운산리 은행나무	강원 강릉시 운산동 432-1	1979.05.30	♀
44	안동 송리동 은행나무	경북 안동시 일직면 송리 650-2	1983.09.29	☗
45	담양 후산리 은행나무	전남 담양군 고서면 산덕리 485-1	1980.06.02	♀
59	삼척 늑구리 은행나무	강원 삼척시 도계읍 늑구리 210-2	1986.11.19	♀
63	영천 임고서원 은행나무	경북 영천시 임고면 양항리 161	1985.10.15	♀
64	강릉 옥천동 은행나무	강원 강릉시 옥천동 61	1993.12.23	☗
66	경주 동부동 은행나무	경북 경주시 동부동 193	1986.12.11	♀
69	하동 두양리 은행나무	경남 하동군 옥종면 두양리	1983.12.20	♀
75	상주 두곡리 은행나무	경북 상주시 은척면 두곡리 640	1987.05.13	♀
82	당진 면천 은행나무	충남 당진군 면천면 성상리 777	1990.05.24	♀
89	김제 팔효사 은행나무	전북 김제시 신풍동 509	1996.03.29	♀
91	금릉 추량리 은행나무	경북 김천시 대덕면 추량리 298	1993.08.18	♀
106	김제 공덕면 은행나무	전북 김제시 공덕면 마현리 816-1	2000.07.07	♀
109	청도 하평리 은행나무	경북 청도군 매전면 하평리 1323	1995.06.30	♀
109	익산 성당면 은행나무	전북 익산시 성당면 성당리 성당포구	2000.11.28	♀
113	익산 익산향교 은행나무	전북 익산시 금마면 동고도리 389-1	2001.12.27	♀
115	산청 평지리 은행나무	경남 산청군 신등면 평지리 1295-8	1991.12.23	♀
124	거창 연수사 은행나무	경남 거창군 남상면 무촌리 40-1	1993.01.08	☗
147	벌교 고읍리 은행나무	전남 보성군 벌교읍 고읍리 799	1994.01.31	♀

152	논산 성동 은행나무	충남 논산시 성동면 개척리 228-1	2000.01.11	☂
156	태안 흥주사 은행나무	충남 태안군 태안읍 상옥리 1154	2001.06.30	♀
157	연기 양화리 은행나무	충남 연기군 남면 양화리 88-5	2001.06.30	♀/☂
160	예산 대흥향교 은행나무	충남 예산군 대흥면 교촌리 538	2002.08.10	☂
185	낙안 교촌리 은행나무	전남 순천시 낙안면 교촌리 222	2001.09.27	♀
198	거창 무촌리 은행나무	경남 거창군 남상면 무촌리 1344-38	1997.12.31	♀
213	고흥 금사리 은행나무	전남 고흥군 영남면 금사리 770-1	2002.11.27	♀
253	하동 청룡리 은행나무	경남 하동군 옥종면 청룡리 266	2004.03.18	♀

표 3 보호수 및 일반 은행나무

:: 서울

지정명칭(일반명칭)	소재지	지정일자	성
서울 당산동 은행나무	서울 영등포구 당산동 6가 10	1968. 07. 03	☂
서울 방학동 은행나무	서울 도봉구 방학동 원당길 10	1968. 02. 26	☂
서울 올림픽공원 은행나무	서울 송파구 오륜동 88-3	1968. 07. 03	♀
서울 시흥행궁터 은행나무	서울 금천구 시흥동 836-24	1968. 07. 03	♀
서울 권율장군집터 은행나무	서울 종로구 행촌동 1-18	1976. 06. 05	☂
서울 성남교회 은행나무	서울 용산구 동자동 17-3	−	♀/☂
서울 큰나무교회 은행나무	서울 강서구 방화동 799	−	☂
서울 풍문여고 은행나무	서울 종로구 안국동 175-2	−	♀
서울 배화여고 은행나무	서울 종로구 필운동 12	−	☂

지정명칭(일반명칭)	소재지	지정일자	성
강화 전등사 은행나무	인천 길상면 온수리 635	2001.08.06	☂
강화 보문사 은행나무	인천 삼산면 매음리 629	2000.11.27	♀
인천 남촌동 은행나무	인천 남동구 남촌동 558	1999. 05. 11	♀
인천 부평도호부 은행나무	인천 계양구 계산1동 943	1982.09.29	☂
남양주 수종사 은행나무	경기 남양주시 조안면 송촌리 1060	–	☂
의왕 왕곡동 은행나무	경기 의왕시 왕곡동 184-1	1982. 10. 15	♀
성남 은행동 은행나무	경기 성남시 중원구 은행2동 1032	1982. 10. 15	♀
수원 권선동 은행나무	경기 수원시 권선구 권선동 533-4	1982. 10. 15	♀
수원 화성행궁 은행나무	경기 수원시 팔달구 행궁길 185	–	☂
부천 소사동 은행나무	경기 부천시 원미구 소사본 2동 100-1	1982. 10. 15	♀
화성 요당리 은행나무	경기 화성시 양감면 요당1리	1982. 10. 15	☂
여주 신륵사 은행나무	경기 여주군 여주읍 천송리 282	1982. 10. 15	☂
이천 영원사 은행나무	경기 이천군 백사면 송말리 436	1982. 10. 15	♀
오산 궐리사 은행나무	경기 오산시 궐 1동 147	1982. 10. 15	☂
평택 동천리 은행나무	경기 평택시 진위면 동천리 산 563	1982. 10. 15	☂
고양 서오릉 은행나무	경기 고양시 덕양구 용두동 475-95	–	☂

:: 강릉 · 강원

지정명칭(일반명칭)	소재지	지정일자	성
전선 정선초등학교 은행나무	강원 정선군 정선읍 봉양 4리 306	1982. 11. 13	☂
고성 고성군청 은행나무	강원 고성군 간성읍 하리 12	–	☂
평창 수청리 은행나무	강원 평창군 미탄면 수청리 상수청마을	–	☂

:: 청주 · 충북

지정명칭(일반명칭)	소재지	지정일자	성
영동 웅북리 은행나무	충북 영동군 추풍령면 웅북리(상웅) 196	1982. 11. 11	♀
청주 압각수 은행나무	충북 청주시 상당구 남문로 2가 92–6	–	♀

:: 대전 · 충남

지정명칭(일반명칭)	소재지	지정일자	성
아산 맹사성 고택 은행나무	충남 아산시 배반면 중리 300	1982. 11. 01	♀
아산 현충사 은행나무	충남 아산시 염치읍 현충사길 67	–	♀
아산 공세리성당 은행나무	충남 아산시 인주면 공세리 194	–	♀
아산 성준경가옥 은행나무	충남 아산시 도고면 시전리 528	–	♀
천안 복모리 은행나무	충남 천안시 성환읍 복모리 334–2	1982. 11. 01	♀
서산 서산향교 은행나무	충남 서산시 동문동 580	1982. 10. 15	♀
논산 이삼장군고택 은행나무	충남 논산시 상월면 주곡리 51	–	♀

:: 전주 · 전북

지정명칭(일반명칭)	소재지	지정일자	성
남원 사매제궁곡 은행나무	전북 남원시 사매면 계수리 수동마을	1982. 09. 20	♀
전주 전주향교 은행나무	전북 전주시 완산구 교동 1가 26–3	1982. 09. 20	♀
전주 한옥마을 은행나무	전북 전주시 완산구 풍남동 3가 36–2	1982. 09. 20	♀

:: 광주 · 전남

지정명칭(일반명칭)	소재지	지정일자	성
강진 강진향교 은행나무	전남 강진군 강진읍 동성리 691–1	–	♂
순천 낙안읍성 은행나무	전남 순천시 낙안면 동내리, 서내리, 남내리	–	♀

순천 남가리 은행나무	전남 순천시 해룡면 남가리 대가길	1982. 12. 03	♀
장성 필암서원 은행나무	전남 장성군 황룡면 필암리 378	1982. 12. 03	♂
장흥 장흥향교 은행나무	전남 장흥군 장흥읍 교촌리 4	–	♀
해남 녹우당 은행나무	전남 해남군 해남읍 연동리 82	1982. 12. 03	♀

:: 대구 · 울산 · 경북

지정명칭(일반명칭)	소재지	지정일자	성
영주 도동서원 은행나무	대구 달성군 구지면 도동리 35	1982. 10. 29	♂
영주 금성단 은행나무	경북 영주시 순흥면 내죽리 98	1982. 10. 26	♀
영주 소수서원 은행나무	경북 영주시 순흥면 내죽리 151	1982. 10. 26	♀
영주 풍기읍사무소 은행나무	경북 영주시 풍기읍 성내리 22	1982. 10. 26	♀
성주 봉정리 은행나무	경북 성주군 초전면 봉정리 536	1982. 10. 26	♀
안동 봉정사 은행나무	경북 안동시 서후면 태장리 901	1982. 10. 29	♀
안동 소호헌 은행나무	경북 안동시 일직면 망호리 562	1982. 10. 26	♂
안동 귀래정 은행나무	경북 안동시 정상동 770	1982. 10. 26	♂
청도 자계서원 은행나무	경북 청도면 이서면 서원리 85	1983. 01. 25	♀
영양 서석지 은행나무	경북 영양군 입암면 연당리 431	1982. 11. 10	♀
경주 운곡서원 은행나무	경북 경주시 강동면 왕신리 78	1982. 10. 29	♂

:: 부산 · 경남

지정명칭(일반명칭)	소재지	지정일자	성
부산 범어사 은행나무	부산 금정구 청룡동 546	1980. 12. 08	♀
거창 고견사 은행나무	경남 거창군 가조면 수월리 1	2000. 03. 18	♀
창원 우곡사 은행나무	경남 창원시 동읍 단계리 7	2005. 12. 29	–

하동 쌍계사 은행나무	경남 하동군 화개면 운수리 208	–	♀
산청 문익점 은행나무	경남 산청군 단성면 사월리 529	–	☝
사천 다솔사 은행나무	경남 사천시 곤명면 용산리 86	–	–

참고문헌 및 자료

강판권, 『공자가 사랑한 나무, 장자가 사랑한 나무』(서울: 민음사, 2003).

고규홍, 『이 땅의 큰 나무』(서울: 눌와, 2003).

고규홍, 『주말이 기다려지는 행복한 나무여행』(서울: 터치아트, 2007).

김선풍 외, 『평창군의 설화』(서울: 국학자료원, 2002).

운젤트, 지크프리트(이민수 역), 『괴테와 은행나무』(서울: 씽크북, 2000).

최낙성, 『은행나무 이야기』(서울: 세손, 1998).

한국토지공사 토지박물관, 『성남시의 역사와 문화유적』, (한국토지공사 토지박물관, 성남시, 2001).

문화재청 홈페이지 http://www.cha.go.kr/

Naver 백과사전

Daum 백과사전

Encyber 백과사전

저자 **김현우**

인하대학교 강사. 글로벌교육문화연구원 지역연구실장. 자연보호중앙연맹 정책위원장으로 일하고 있으며. 저서로는 『한국정당통합운동사』, 『한국국회론』, 『일본현대정치사』, 『일본국회론』이 있다.

문화역사 그리고 사람의 만남

초판인쇄 | 2009년 7월 31일
초판발행 | 2009년 7월 31일

지은이 | 김현우
펴낸이 | 채종준
펴낸곳 | 한국학술정보㈜
주 소 | 경기도 파주시 교하읍 문발리 파주출판문화정보산업단지 513-5
전 화 | 031) 908-3181(대표)
팩 스 | 031) 908-3189
홈페이지 | http://www.kstudy.com
E-mail | 출판사업부 publish@kstudy.com

등 록 | 제일산-115호(2000.6.19)
가 격 34,000원

ISBN 978-89-268-0127-7 93090 (Paper Book)
      978-89-268-0128-4 08090 (e-Book)

이담 *Books* 는 한국학술정보(주)의 지식실용서 브랜드입니다.